普通高校"十二五"规划教材
管理学系列

创业理论与实务

杨 凤 主编

清华大学出版社
北京

内容简介

本书是反映创业学最新发展动态的入门教材,在广泛汲取中外创业学理论与实务研究成果的基础上,力求以通俗易懂、深入浅出的方式介绍创业学的理论知识和基本方法。本书将理论分析与案例研究相结合,探讨了创业活动的一般规律与关键问题,主要包括创业、创业者、创业机会与风险、创业资源、创业计划、新企业开办,以及财务比率分析等内容,具有较强的知识性和实用性。

本书既可作为大中专院校经济管理类专业的教材,也可作为创业教育的培训用书或参考书,同时还适用于各阶层创业者和有志于创业的人士阅读。

本书封面贴有清华大学出版社防伪标签,无标签者不得销售。
版权所有,侵权必究。举报:010-62782989,beiqinquan@tup.tsinghua.edu.cn。

图书在版编目(CIP)数据

创业理论与实务/杨凤主编. --北京:清华大学出版社,2014(2023.8重印)
(普通高校"十二五"规划教材·管理学系列)
ISBN 978-7-302-34434-6

Ⅰ. ①创… Ⅱ. ①杨… Ⅲ. ①企业管理—高等学校—教材 Ⅳ. ①F270

中国版本图书馆 CIP 数据核字(2013)第 265943 号

责任编辑:杜　星
封面设计:汉风唐韵
责任校对:宋玉莲
责任印制:刘海龙

出版发行:清华大学出版社
  网　　址:http://www.tup.com.cn, http://www.wqbook.com
  地　　址:北京清华大学学研大厦 A 座　　邮　编:100084
  社 总 机:010-83470000　　邮　购:010-62786544
  投稿与读者服务:010-62776969, c-service@tup.tsinghua.edu.cn
  质量反馈:010-62772015, zhiliang@tup.tsinghua.edu.cn
印 装 者:北京建宏印刷有限公司
经　　销:全国新华书店
开　　本:185mm×230mm　　印　张:10.5　　字　数:213 千字
版　　次:2014 年 1 月第 1 版　　印　次:2023 年 8 月第 6 次印刷
定　　价:39.00 元

产品编号:053512-02

前言

联合国教科文总部 1998 年 10 月召开的世界高等教育会议发表了《21 世纪的高等教育：展望与行动世界宣言》，明确指出：培养学生的创业技能，应成为高等教育主要关心的问题。我国《关于深化教育改革，全面推进素质教育的决定》也强调了这一思想："高等教育要重视培养大学生的创新能力、实践能力和创业精神，普遍提高大学生的人文素养和科学素养。"创业活动是一个复杂的社会现象，创业本身涉及管理学、经济学、社会学以及心理学等多学科的交叉。20 世纪 80 年代以来，创业学作为一个新兴学科，在西方发达国家产生并不断发展，目前已成为一个相对独立的管理学分支，并形成了从学士到博士的创业教育体系。相对于西方，我国的创业管理与创业教育的研究起步较晚，对大学生进行创业教育，培养具有创新精神和创造、创业能力的高素质人才已成为当前高等学校的重要任务。本书在引进国内外研究成果的基础上，将理论与实务相融合，精选案例，突出应用，有助于读者特别是高校毕业生从管理学的角度对于创业的基本理论、创业的组织、流程、策略以及创业计划等方面获得总体把握。本书每章后面的案例分析均附有思考题，为课后训练和培养学生的自学能力提供了方便，其实践性和可操作性较强的特点对于大学生创新创业也将起到一定的引导作用。

本书分为 7 章内容。

第 1 章　重点介绍了创业的内涵与功能，对创业兴起的原因、功能属性及意义进行了阐述，并对创业的要素与类型，以及创业的动机进行了分析。

第 2 章　围绕创业者，对创业者的定义与类型、创业者的素质以及创业团队进行了阐述。

第 3 章　主要介绍了如何对创业机会和创业风险进行识别与评价，并对商业模式开发所涉及的问题进行分析。

第 4 章　讨论了创业资源与创业融资的管理。

第 5 章　对创业计划的内容、基本结构、信息搜索以及市场调查的内容和方法进行了详细介绍。

第 6 章　围绕新企业的开办，主要介绍了成立新企业的条件、流程、法律问题，以及新企业生存管理等内容。

第 7 章　主要对创业活动中财务比率报表分析的内容、赢利能力分析以及财务比率分析应注意的问题进行了阐述。

　　本书由沈阳理工大学经济管理学院杨凤教授负责全书统稿，并完成第 1、3、5、6、7 章内容，沈阳理工大学国际教育学院的时萍副教授承担第 2、4 章内容的编写。另外在本书的编写过程中，清华大学出版社给予了很大的帮助，提供了许多宝贵的建议，在此表示感谢。

杨　凤

2013 年 9 月

目 录

第 1 章 创业概述 ... 1

1.1 创业的定义与功能 ... 1
- 1.1.1 创业的定义 ... 1
- 1.1.2 创业的功能 ... 2

1.2 创业兴起原因、功能属性及意义 ... 3
- 1.2.1 经济转型与创业热潮的关系 ... 3
- 1.2.2 创业活动的功能属性 ... 4
- 1.2.3 创业的重要意义 ... 6

1.3 创业的要素与类型 ... 7
- 1.3.1 创业的要素 ... 7
- 1.3.2 创业的类型 ... 8

1.4 创业动机 ... 10
- 1.4.1 创业动机的含义 ... 10
- 1.4.2 创业动机的分类 ... 11
- 1.4.3 产生创业动机的驱动要素 ... 12

案例分析 林妹妹——陈晓旭的商海回忆录 ... 14

第 2 章 创业者 ... 19

2.1 创业者概述 ... 19
- 2.1.1 创业者的定义 ... 19
- 2.1.2 创业者的类型 ... 19
- 2.1.3 成功创业者的特质 ... 20

2.2 创业者素质 ... 20
- 2.2.1 创新型人才的素质要求 ... 20
- 2.2.2 创业者需要具备的素质和能力 ... 22

2.3 创业团队 ... 24

2.3.1 团队对创业的重要性 ………………………………………………… 24
2.3.2 创业团队的优劣势分析 ………………………………………………… 25
2.3.3 组建创业团队的策略 …………………………………………………… 26
2.3.4 创业团队的管理技巧和策略 …………………………………………… 28
2.3.5 领导创业者的角色与行为策略 ………………………………………… 29
2.3.6 创业团队的社会责任 …………………………………………………… 31
案例分析 李彦宏——"百度世界"的成长历程 ……………………………… 32

第3章 创业机会与创业风险 ………………………………………………… 36

3.1 创业机会识别 …………………………………………………………………… 36
　　3.1.1 商业创意 ………………………………………………………………… 36
　　3.1.2 创业机会的含义及意义 ………………………………………………… 37
　　3.1.3 创业机会的表现形式 …………………………………………………… 38
　　3.1.4 创业机会的来源 ………………………………………………………… 39
　　3.1.5 创业机会的发掘方式 …………………………………………………… 40
　　3.1.6 识别创业机会的行为技巧 ……………………………………………… 41
3.2 创业机会评价 …………………………………………………………………… 42
　　3.2.1 有价值创业机会的特征 ………………………………………………… 42
　　3.2.2 个人与创业机会的匹配 ………………………………………………… 43
　　3.2.3 创业机会评价的技巧和策略 …………………………………………… 43
　　3.2.4 创业机会评价的步骤 …………………………………………………… 44
3.3 创业风险识别 …………………………………………………………………… 44
　　3.3.1 创业风险的构成与分类 ………………………………………………… 45
　　3.3.2 创业风险识别的方法 …………………………………………………… 45
　　3.3.3 系统风险防范的可能途径 ……………………………………………… 46
　　3.3.4 非系统风险防范的可能途径 …………………………………………… 47
　　3.3.5 创业者风险承担能力的估计 …………………………………………… 47
　　3.3.6 大学生创业风险的规避途径 …………………………………………… 48
　　3.3.7 大学生抵御创业风险的措施 …………………………………………… 50
3.4 商业模式开发 …………………………………………………………………… 52
　　3.4.1 商业模式的定义和本质 ………………………………………………… 52
　　3.4.2 商业模式和商业战略的关系 …………………………………………… 52
　　3.4.3 设计商业模式的思路和方法 …………………………………………… 53
　　3.4.4 商业模式创新的逻辑与方法 …………………………………………… 57

3.4.5　成功的商业模式特征 ·· 59
　案例分析　陈欧与他的聚美优品 ··· 59

第4章　创业资源 ··· 63

　4.1　创业资源概述 ··· 63
　　4.1.1　创业资源的作用 ·· 63
　　4.1.2　创业资源的管理 ·· 64
　　4.1.3　创业资源获取的途径 ·· 65
　4.2　创业融资 ··· 67
　　4.2.1　创业所需资金的测算 ·· 67
　　4.2.2　创业融资的种类 ·· 68
　　4.2.3　创业融资的途径 ·· 68
　　4.2.4　创业融资的选择策略 ·· 70
　案例分析　杨澜创业故事：人生需要规划 ··· 71

第5章　创业计划 ··· 74

　5.1　创业计划概述 ··· 74
　5.2　创业计划的作用 ··· 74
　5.3　创业计划的内容 ··· 78
　　5.3.1　计划摘要 ·· 78
　　5.3.2　企业介绍 ·· 78
　　5.3.3　行业分析 ·· 78
　　5.3.4　产品（服务）介绍 ·· 79
　　5.3.5　人员及组织结构 ·· 79
　　5.3.6　市场 ·· 79
　　5.3.7　运营策略 ·· 80
　　5.3.8　制造计划 ·· 81
　　5.3.9　财务规划 ·· 81
　　5.3.10　竞争分析 ·· 81
　　5.3.11　风险与风险管理 ·· 82
　　5.3.12　成长与发展 ·· 82
　　5.3.13　建立并维持客户关系 ·· 82
　5.4　创业计划的基本结构 ··· 82
　　5.4.1　实施概要 ·· 82

5.4.2 企业、产品或服务介绍 …………………………………………… 83
5.4.3 市场预测 ………………………………………………………… 84
5.4.4 营销策略 ………………………………………………………… 86
5.4.5 生产(经营)计划 ………………………………………………… 87
5.4.6 组织与管理 ……………………………………………………… 87
5.4.7 财务计划 ………………………………………………………… 87
5.4.8 风险评估 ………………………………………………………… 88
5.4.9 退出战略 ………………………………………………………… 88
5.4.10 附录 …………………………………………………………… 88
5.5 创业计划的信息搜索 ……………………………………………………… 89
5.5.1 收集信息的方法 ………………………………………………… 89
5.5.2 新兴的网络调研信息方法 ……………………………………… 92
5.5.3 信息处理不当的陷阱 …………………………………………… 93
5.6 市场调查的内容和方法 …………………………………………………… 95
5.6.1 市场调查的内容 ………………………………………………… 96
5.6.2 市场调查的方法 ………………………………………………… 97
5.6.3 竞争对手分析的一般方法 ……………………………………… 99
5.6.4 确定竞争对手分析的四个维度 ………………………………… 100
案例分析 马云的创业故事 …………………………………………………… 101

第6章 新企业的开办 ……………………………………………………… 104

6.1 成立新企业 ………………………………………………………………… 104
6.1.1 企业组织形式选择 ……………………………………………… 104
6.1.2 企业注册流程 …………………………………………………… 107
6.1.3 企业注册相关文件的编写 ……………………………………… 109
6.1.4 注册企业必须考虑的伦理与法律问题 ………………………… 119
6.1.5 新企业选址策略和技巧 ………………………………………… 121
6.1.6 新企业的社会认同 ……………………………………………… 126
6.2 新企业生存管理 …………………………………………………………… 128
6.2.1 新企业管理的特殊性 …………………………………………… 128
6.2.2 新企业成长的驱动因素 ………………………………………… 130
6.2.3 新企业成长管理的技巧与策略 ………………………………… 132
6.2.4 新企业的风险控制和化解 ……………………………………… 135
案例分析 宜家:逆向战略定位 ……………………………………………… 137

第7章 财务比率分析 ··· 139

7.1 财务比率分析概述 ··· 139
7.1.1 财务比率分析的目的 ··· 139
7.1.2 财务比率分析评价标准 ·· 140
7.2 财务比率分析的内容 ··· 141
7.2.1 偿债能力分析 ··· 141
7.2.2 营运能力分析 ··· 144
7.2.3 赢利能力分析 ··· 146
7.3 财务比率分析应注意的问题 ·· 148
案例分析 58同城——姚劲波创业史 ······································· 149

参考文献 ·· 155

第 1 章

创 业 概 述

1.1 创业的定义与功能

1.1.1 创业的定义

创业是一种创新性活动,它的本质是独立地开创并经营一种事业,使该事业得以稳健发展、快速成长的思维和行为的活动。走上创业之路,是人生的一大转折,它是成就自己事业的过程,是自我价值和能力的体现。创业,要直接面对社会,直接对顾客负责,个人的收入直接与经营利润连在一起。其实,创业就是解决一个接一个的矛盾的过程。

荣斯戴特(Robert C. Ronstadt)曾这样定义创业:"创业是一个创造增长的财富的动态过程。财富是由这样一些人创造的,他们承担资产价值、时间承诺或提供产品或服务的风险。他们的产品或服务未必是新的或唯一的,但其价值是由企业家通过获得必要的技能与资源并进行配置来注入的。"

史蒂文森(Stevenson)、罗伯茨(Roberts)和格罗斯贝克(Grousbeck)提出:"创业是一个人——你不管是独立的还是在一个组织内部——依靠运气追踪和捕捉机会的过程,这一过程与当时控制的资源无关。"史蒂文森进一步指出,有三个方面对创业是特别重要的,即察觉机会、追逐机会的意愿及获得成功的信心和可能性。

国际管理科学学会的教授协会对创业也有自己广义上的定义:创业是对新企业、小型企业和家庭企业的创建和经营。

我们可以将创业的概念分为狭义的创业和广义的创业。所谓狭义的创业,就是指创业者在进行生产经营活动时,主要以从事开创个体和家庭的小企业为主要创业项目,以此来获得经济利益或实现自我价值的过程。在此期间,创业者运用狭义创业所具备的优势,即成本低、风险小、易掌控和经营的特点,发现和识别商机,成立小型的活动组织,利用各种适宜资源,为社会提供产品和服务,创造价值。广义的创业是指劳动者个人或团队主动地开创基业和不断创造新事业,并获取创业收入的活动过程,包括一切创新创造活动。

创业具有四个特性：一是创业具有新颖性，或者是新产品、新服务，或者是新事业，或者是在原有的基础上达到新的规模或新的层次。二是创业具有主动性，是人们有目的、有意识的活动，是积极进取精神的体现，是使命感的驱使，不是"当一天和尚撞一天钟"，更不是"等、靠、要"的无为意识。三是创业具有艰难性，有人形容为"是赤着脚在布满荆棘的市场上踏出一条自己的路"。四是创业具有影响性，对个人、家庭、社会产生较大的影响。创业是自我价值实现的过程，是活出生命意义的过程。全民创业则要求社会各界立足于自己的本职岗位，强调的是要让一切有利于创业的思想活跃起来，把各类创业主体激活起来，使一切领域的创业潜能充分发挥出来，放手让一切劳动、知识、技术、管理和资本的活力竞相迸发，让一切创造社会财富的源泉充分涌流，宜工则工、宜农则农、宜商则商、宜大则大、宜小则小，只要国家法律法规和有关政策没有明确禁止的，就应该鼓励和支持其发展，形成百姓创家业、能人创企业、干部创事业的生动局面。

综上所述，本书对创业的定义是：创业是一个过程，在这个过程中，某一个人或一个团队，使用组织力量去寻求机遇，去创造价值和谋求发展，并通过创新和特立独行来满足愿望和需求，而不管企业家们手中当时有什么样的资源。

1.1.2 创业的功能

随着我国经济的快速发展，民营企业等中小型企业的数量在逐年上升。越来越多的人走向自己创业，在国家政策的扶植下少部分人获得了成功。中国加入世界贸易组织后，市场经济的主体地位得到了加强，创业的门槛越来越低。但是仍有很多人对创业功能的认识并不具体，那么创业究竟有什么功能呢？本书从以下几个方面给出了解释。

1. 创业可以带动就业，促进社会稳定和谐

在现今社会，经济全球化使世界各国成为经济相关体和连带体，而发达国家层出不穷的金融危机自然而然地就会影响我们国家的企业经营，导致企业面临危机、员工失业等不良状况的发生。这些不良的经济状况还会使消费者的需求降低，进而导致市场销售不景气，企业经营效益不好甚至面临倒闭。而创业恰恰可以解决这种窘迫的局面，不仅可以为更多的人创造就业机会，还会带动生产、拉动内需，从而进一步维持和加强社会稳定。只有通过鼓励创业，相关部门出台各种刺激消费的政策，才能更快更好地解决经济全球化给我国内企业带来的不利因素，带动充分就业，维持社会稳定有序地发展。这也是创业最主要的功能，即增加市场竞争力，拉动国内市场需求，繁荣社会经济。

2. 创业可以实现个人价值

我国古代著名的诗人李白就曾写下"天生我材必有用"的豪壮诗句。每个人生存在这个世界上都有适合自己做的事，很多商业奇才的成功其实很大程度上取决于他们找到了适合自己做的事情。我国现在的确面临着巨大的就业压力,有太多的人并不能在所在岗位上充分发光发热,那么为什么不弄清楚自己想要什么,做一个勇于奋斗、勇于拼搏的开拓者呢?自己创业,向着自己喜爱的工作和方向选择创业,而不是在一个不喜欢的既定工作上碌碌无为地度过一生。做自己喜欢的事,坚定方向,不懈努力,这样才可以实现个人的人生价值,使自己的生活饱满,充实,有意义。

3. 创业可以实现社会价值

创业者可以融入社会,发挥自身的特长,为社会贡献自己的力量,而且前面已经提到,创业本身给更多的人带来了新的就业机会,从而减缓社会的就业压力。这就是创业者为社会做出的最大贡献,而且失业者在二次就业中通过实际工作,会不断地学习和汲取新的知识,提高业务能力和自身的素质,减轻社会负担的同时又为社会贡献了力量。无论是创业者还是再就业者,都在实现自我价值的同时实现社会价值。

4. 丰富人们的生活,提高生活质量

创业是自己当自己的老板,按照自己喜爱和擅长的方向发展自己的事业。在实践的过程中创业者有很大的自主性和可控性,可以通过自己的努力最直接地增加自己的收入,改善自己的生活环境,提高自己的生活品质,使自己的生活更加丰富多彩。

1.2 创业兴起原因、功能属性及意义

1.2.1 经济转型与创业热潮的关系

经济转型是创业热潮兴起的深层次原因。在经济社会发展的不同阶段,创业活动的特征不尽相同。创业具有增加就业、促进创新、创造价值等功能,同时也是经济转型阶段社会发展必不可少的原动力。

创业活动的数量与质量决定了经济转型阶段的成功与否。当前,全民创业正成为大多数城市的发展战略,对经济发展的强大拉动作用也越来越明显。可以说,创业是一个城市生生不息的发展动力。创业是否活跃,已成为衡量一个地区经济是否活跃的重要标准,也是衡量一个地区百姓是否富裕的重要参数。现阶段,我国正处在跨越崛起的爬坡期和加快发展的黄金期,正是经济转型的重要阶段。我们既要应对高速发展中所带来的一系列"成长烦恼",又要抓住机遇,加快发展,顺利完成"赶上"和"赶超"的双重任务。面对前所未有的机遇和挑战,我们只有把来自于民众、植根于基层的民资民力盘活、用好,引导、支持全民参与投资创业的伟大实践,才能为经济社会转型跨越发展注入源源不断的活力。但是转型阶段的创业者中多数私营企业经营者观念滞后,满足于"小打小闹",缺乏开拓大

市场的战略眼光。有的虽已拥有一些实力，但参与更大范围甚至国际技术合作与竞争的意识不强；有的企业投入不足，产权不明晰，规模上不去；有的管理模式滞后，人才缺乏，信息不灵；有的产品结构不合理，附加值和科技含量不高，难以提高市场竞争力。

不仅如此，创业热的兴起也为经济转型提供了源源不断的后备力量，使其在体制内获得资源的最佳利用，也为经济阶段的平稳过渡带来了支撑。国家对创业热的鼓励与支持多数体现在政策方面。一方面，对近年来出台的有关促进民营经济发展、支持科技人员创新创业、奖励出口创汇、支持企业技改、鼓励企业创名牌、财政扶持、重大项目跟踪服务、效能投诉等一系列政策进行全面梳理。同时，将政策的类别、政策优惠的内容、主管和受理部门、需准备的材料、受理程序、受理时间和地点等统一汇总。对那些没有落实的政策逐项分析原因，属于透明度不高的要扩大宣传，属于操作性不强的要细化完善，属于执行不力的要督促落实，属于人为障碍的要严肃查处，属于国家政策调整的要重新修订，营造良好的政策环境，确保"黄金政策"产生"黄金效应"。另一方面，建立政策发布机制，采取政策发布会、新闻发布会等形式，定期、不定期地发布相关政策信息，并在政府门户网站公布，及时发布给企业，还要通过各种形式向外界发布，把每项优惠政策介绍清楚，宣传透彻，让更多的企业了解和受益，让投资者"近悦远来"。同时要努力提高机关行政效率，职能部门应进一步简化审批、登记手续，降低收费标准，改善服务态度，提高服务水平和效率。另外，可组织开展"创业者评议机关"和"阳光行政"等活动，加大对部门的监督。

故总体看来，经济转型与创业热潮的关系是相辅相成的。

1.2.2 创业活动的功能属性

1. 创新属性

创新是创业的源泉，是创业的本质和灵魂。创业与创新是一对孪生兄弟，创业因创新而催生，创新因创业而实现其价值。自主创新离不开创业精神，创业精神更离不开由创业家主导、以创新型企业为主体的创业活动。没有创新的创业不可能有很好的发展，没有创业精神也同样不可能有重大的创新产生。创业通过创新拓宽商业视野、获取市场机遇、整合独特资源、推进企业成长。没有创新的企业其生存空间就会不断缩小，就不可能产生自己的核心竞争力，从而获得必要的竞争优势。创业的本质是创新，美国长期从事创业研究的著名学者加特纳曾调查了36位学者和8位商业领袖后，归纳出90个创业属性，最终发现对创业活动强调最多的属性是创新，诸如新事业的创造、新企业的创建与发展、新事物附加价值的创造、通过整合资源的产品或服务创新等。

2. 风险属性

创业的风险主要有以下7个方面。

1）管理风险

创业失败者，基本上都是管理方面出现了问题，其中包括决策随意、信息不通、理念不清、患得患失、用人不当、忽视创新、急功近利、盲目跟风、意志薄弱等。

2）资金风险

资金风险在创业初期会一直伴随在创业者的左右。是否有足够的资金创办企业，往往是创业者遇到的第一个问题。企业创办起来后，就必须考虑是否有足够的资金支持企业的日常运作。对于初创企业来说，如果连续几个月入不敷出或者因为其他原因导致企业的资金流中断，都会给企业带来极大的威胁。相当多的企业会在创办初期因资金紧缺而严重影响业务的拓展，甚至错失商机而不得不关门大吉。

3）竞争风险

如何面对竞争是每个企业都要随时考虑的事，而对新创企业更是如此。如果创业者选择的行业是一个竞争非常激烈的领域，那么在创业之初极有可能受到同行的强烈排挤。一些大企业为了把小企业吞并或挤垮，常会采用低价销售的手段。对于大企业来说，由于规模效益或实力雄厚，短时间的降价并不会对它造成致命的伤害，而对初创企业则可能意味着彻底毁灭的危险。因此，考虑好如何应对来自同行的残酷竞争是创业企业生存的必要准备。

4）团队分歧的风险

现代企业越来越重视团队的力量。创业企业在诞生或成长过程中最主要的力量来源一般都是创业团队，一个优秀的创业团队能使创业企业迅速地发展起来。但与此同时，风险也就蕴含在其中，团队的力量越大，产生的风险也就越大。一旦创业团队的核心成员在某些问题上产生分歧不能达到统一时，极有可能会对企业造成强烈的冲击。

事实上，做好团队的协作并非易事，特别是与股权、利益相关联时，很多初创时很好的伙伴都会闹得不欢而散。

5）核心竞争力缺乏的风险

对于具有长远发展目标的创业者来说，他们的目标是不断地发展壮大企业，因此，企业是否具有自己的核心竞争力就是最主要的风险。一个依赖别人的产品或市场来打天下的企业是永远不会成长为优秀企业的。核心竞争力在创业之初可能不是最重要的问题，但要谋求长远的发展，就是最不可忽视的问题。没有核心竞争力的企业终究会被淘汰出局。

6）人力资源流失风险

一些研发、生产或经营性企业需要面向市场，大量的高素质专业人才或业务队伍是这类企业成长的重要基础。防止专业人才及业务骨干流失应当是创业者时刻注意的问题，在那些依靠某种技术或专利创业的企业中，拥有或掌握这一关键技术的业务骨干的流失是创业失败的最主要风险源。

7）意识上的风险

意识上的风险是创业团队内在的主要风险。这种风险来自于无形,却有强大的毁灭力。风险性较大的意识有:投机的心态、侥幸心理、试试看的心态、过分依赖他人、回本的心理等。

3．价值创造属性

创业是创造不同的价值的一种过程,这种价值的创造需要投入必要的时间和付出一定的努力,承担相应的金融、心理和社会风险,并能在金钱上和个人成就感方面得到回报。

1.2.3　创业的重要意义

1．知识经济社会赋予创业的重要意义

所谓知识经济就是以知识为基础的经济,即与农业经济、工业经济相对应的一个概念,是一种新型的富有生命力的经济形态。工业化、信息化和知识化是现代化发展的三个阶段。创新是知识经济发展的动力,教育、文化和研究开发是知识经济的先导产业,教育和研究开发是知识经济时代最主要的部门,知识和高素质的人力资源是最为重要的资源。知识经济的标志特征有如下几点:资源利用智力化、资产投入无形化、知识利用产业化、高科技产业支柱化以及经济发展可持续化。

当今社会经济发展如此迅速,无论是发达国家还是发展中国家,都已意识到培养人才的重要性。随着科教兴国发展战略的实施,逐年的扩张性招生,导致大学生的数量直线上升,工作岗位的空缺显然满足不了毕业生的需要,于是新的问题也渐渐浮出水面,就业难,择业更难。不仅是大学生甚至更多人面临这个问题时,他们选择了一条新的道路——自主创业。

首先,国家和政府对大学生自主创业会提供优惠政策,这就使自主创业的大学生在和对手竞争时具有一定优势;其次,大学生创业的过程中,可以学到一些创业的经验与技术,可以做自己喜欢的行业,如果顺利的话,可以成就自己的梦想。其实创业都是有风险的,如何做到降低风险,就要考虑多方面的因素。如果你是第一次创业,最好还是和一个实力比较雄厚的大企业合作,这样会有一些保障,再就是要选择一个新兴的竞争比较少的行业,这样进入和发展还是比较容易的。

2．自主创业的时代意义

(1) 自主创业实现个人梦想。通过自主创业,将自己的兴趣和梦想结合在一起,可实现人生价值最大化。每个人的性格不同,工作兴趣也不同,自主创业可以做适合自己性格并感兴趣的事情,从而寻找出一条成功的道路,实现自己的梦想。

(2) 自主创业为创业者提供提升自我的机会。在创业过程中可以将所学的理论知识运用到实践当中,同时强化大学生的危机意识和拼搏精神。在创业阶段遇到困难、挫折和失败是在所难免。通过创业过程中的困难挫折培养自己顽强的意志和拼搏精神,并且从失败中反省自己在哪方面知识不足,然后在课堂上有针对性地补回所缺知识,最终为成为全面发展型人才做好准备。

(3) 自主创业可缓解社会就业压力。随着全国高校持续扩招以及金融海啸的影响,社会就业供求总量矛盾突出,我国就业形势越来越严峻。自主创业不仅可以解决毕业后自身就业问题,而且创办的公司还为社会提供新的岗位,给他人带来新的就业机会,缓解社会就业压力,可以说是"一举多得"。

(4) 自主创业营造高校创业氛围。大学生自主创业可提高校园文化的感召力和影响力,通过打造创业文化品牌、举办创业成功者交流会和创业竞赛等途径,可为学生们树立良好的学习榜样,带动学生的学习积极性,创造一种创业文化,激发起学生的创业热情,增强学生自主创业成功的信心,有效地营造大学生创业的校园文化氛围,也为推动学校育人模式的改革做出贡献。

1.3 创业的要素与类型

1.3.1 创业的要素

人才、技术、资本与市场是构成创业的四个核心要素,四者中又以人才最为重要。一个成功的创业者需要熟悉各种人才、市场、财务和法律,并通过取得人才,成功地经营所创立的事业。

1. 人才

人才在创业的过程中和今后新创企业的发展中都极为重要,认识、发现并利用人才是创业者进行创业的关键环节。创业者除了要重视企业的动力外,还需评价企业内部人的影响力和企业活动本身。好的创业者要会用人,也要能用人;要学会雇用比自己聪明的人,让他们发挥自己的能力为企业做更大的贡献。现代风险资本的奠基人乔治·多里奥认为:"宁可考虑向有二流主意的一流人物投资,绝不向有一流主意的二流人物投资。"确实,不是拥有技术的一个科学家或工程师就能够创业成功。创业,不仅需要好的技术,更需要其他素质与能力。因此,创业者及合作伙伴的素质与能力是创业成功的第一要素。

2. 技术

什么是技术?技术是将知识运用到实践中的手段、途径、工具或方法。一个成功的创业者在创业之前,一定会有一个好创意或一项优秀的技术。企业之所以存在,是因为社会的需要,社会需要的技术既是建立在科学基础上的技术,又必须是能够满足社会实际需要的技术。仅有技术水平上的高技术,并不一定能够创业成功,应该以市场需要为选择技术的中心。技术应考虑是否有独特性、创新性,是否有竞争力,是否能带来高利润,他人仿效的难易程度等。一项好的技术或好的创意,常常使创业者美梦成真。

3. 资本

万事俱备,只欠东风。资本对于创业者来说,也是一个关键性要素。正如人云:不是有钱就有了一切,但是,没有钱什么事也做不成。无论多么好的技术或多么好的创意,没有资本的支撑只能是空想。

4. 市场

市场对创业者来说是非常重要的,一项好的技术常常因为没有市场需求而使创业夭折。企业的存在是因为能够满足市场的需要,如果没有市场需求,那么新创的企业就没有存在的价值,自然也就不能生存。因此,一定要开发能够卖得出去的产品。

市场是要在创业之前明确认定并充分考证的,如市场的容量、相同产品之间的竞争力、潜在的市场生长力、市场的持续发展力等。当企业创立后,就要想办法在扩大整体市场的同时增加自己所占的市场份额。

1.3.2 创业的类型

根据不同的标准和依据,可以把创业分成不同的类型。按照创业的自主参与程度,创业可分为山寨型创业、风险型创业和保守型创业;按照个人参与创业的动机可分为转行型创业、生存型创业和机会型创业;按照创业的主体数量不同,创业可以分为个人创业和团体创业。

1. 山寨型创业、风险型创业、保守型创业

1)山寨型创业

任何事情的学习都是从模仿开始,创业也是一个模仿的过程。山寨型创业是指没有自己的创业设计和发展规划,完全依附和追随有一定知名度的企业和品牌,最终建立自己的企业或产品的创业活动。

这种创业的模式可能在近期会给自己带来一定的收益和效果。例如一些名牌的高仿品,利润也是相当可观。但是这种创业缺乏自己的理念和特色,没有太多的借鉴意义。我们熟知的"四川海底捞"是一家以经营川味火锅为主,融会各地火锅特色于一体的大型跨省直营餐饮民营企业,但是当它风靡全国时,各地出现了各种版本的山寨火锅——"海里

捞"、"海中捞"……使得人们产生了混乱,大多数消费者已经不知道正宗的火锅到底是什么样的了,同时也损害了"海底捞"的品牌形象。

2) 风险型创业

马云曾说,对所有创业者来说,永远告诉自己一句话:从创业的第一天起,你每天要面对的是困难和失败,而不是成功。每一次的投资都是有风险的。风险型创业是为了获取更大的收益及发展前景而进行的冒险投资行为。它又被称为"赌博式创业"、"创新型创业"。因此根据投资的风险价值理论,高风险意味着高收益,当然也伴随着极大的失败可能性。俞敏洪放弃北大教师的稳定工作,转而投资办学就是一项很大的风险投资。他和他的另外两个合伙人当初被称为"土鳖"、"海龟"和"愤青",最终这三个中国式合伙人把中国的教育机构推向了世界,并走向了纽交所的殿堂。毫无疑问,俞洪敏的成功是冒着很大的失败风险。

3) 保守型创业

保守型创业是指创业者通过成熟的商业模式,在现有的市场上提供已存在的产品或服务来创建企业的活动。较为典型的实例就是加盟店,比如肯德基、麦当劳。由总部统一管理,加盟者只需要抽取提成即可。这种模式缺乏创新精神,没有实质的管理意义,这种害怕风险的心理往往会使创业者缺乏进取的动力。

2. 转行型创业、生存型创业、机会型创业

1) 转行型创业

转行型创业一般是指过去在党政军、行政、事业单位等的领导者,退出后下海经商。这一类的创业者拥有一定的权力、资源和人脉关系,对其创业有很大帮助,并且很容易成功。潘石屹曾任职管理局,但是他觉得过于安逸,无所事事,毅然放弃稳定的职业,下海经商而成为中国的地产界大亨。

2) 生存型创业

生存型创业者多为下岗职工、失去土地的农民或者刚毕业的大学生,这是我国数量最大的一类创业人群。生存型创业的创业者处于没有更好选择的境地,只得被迫做出抉择,而非出于个人意愿。这类创业主要集中于零售、餐饮、旅游等服务行业。

3) 机会型创业

创业总是要捕捉市场机会的,没有市场机会的创业是不会成功的。机会型创业是指创业者敢于冒险,能够抓住市场机遇从而开拓新领域的创业行为。这种创业者把创业作为实现人生价值的桥梁,他们有充分的准备,更需要有沉着冷静的心态和敏锐的眼光。比尔·盖茨辍学去钻研计算机而获得成功,就是因为他看好计算机的市场前景,抓住了机遇。

3. 个人创业和团体创业

"创业"是一个简单而内涵丰富的词语，它不排斥任何可以成功的要素。无论个人创业还是团体创业，都只是一种方式，更重要的是结果。

1) 个人创业

个人创业是指完全依靠自己拼搏和努力成就一番事业的创业行为。香港首富李嘉诚，白手起家，自主创业，投资地产后，不断壮大自己，在2013年1月发布的《福布斯》排行榜上，李嘉诚连续6年蝉联香港首富，2012年身价达300亿美元，约合2 340亿港元，比2011年增加36%。

2) 团体创业

团体创业是指有两个或两个以上的人合伙创业，开办企业的创业模式。它的最大特点是利益共享，风险共担。其优点是分散风险，促进产权结构多元化，公司科学决策。但也有很多弊端，创业初期资金缺乏，周转不灵；人员众多，企业有一定的规模，使运营成本加大。

1.4 创业动机

1.4.1 创业动机的含义

人类从事任何活动总会指向一定的主观意愿的满足，如同吃饭穿衣为基本生存保障、求学上班为求知温饱一样的简单。我们把导向各种目的的意念或愿望叫作动机。恩格斯说过："绝不能避免这种情况：推动人去从事活动的一切，都要通过人的头脑，甚至吃喝也是由于通过头脑感觉到的饥渴引起的，并且是由于同样通过头脑感觉到的饱足而停止。"

创业动机则是指引起和维持个体从事创业活动，并使活动朝向某些目标的内部动力。它是鼓励和引导个体为实现创业成功而行动的内在力量。说得通俗一点，创业动机就是有关创业的原因和目的，即为什么要创业的问题。行为心理学认为："需要产生动机，进而导致行为。"创业的直接动机就是需要。

创业活动是一种综合性很强的社会实践活动，它源于人的强烈的内在需要，这种内在需要是创业活动最初的诱因和动力。如果没有创业的需要，就不可能产生创业行为。仅有创业需要也并不一定有创业行为，只有当创业需要上升为创业动机时，才能形成创业者竭力追求和获得最佳效果与优异成绩的心理动力。创业动机就是推动创业者从事创业实践活动所必备的积极的心理状态和动力。一旦创业者拥有了这一积极的心理状态和动力并将其付诸实践，他就会坚持不懈，勇往直前。

1.4.2 创业动机的分类

人各有志,不同的人创业动机各异。根据国内一家著名咨询公司对我国各类创业人群的创业动机进行的统计分析,归纳出以下十大创业动机。

(1) 为生活所迫,找不到工作,不创业就无法生活。
(2) 没事做难受,必须让人看到自己还在这世界上活着。
(3) 机缘所为,本没想到创业,遇到一个偶然机会就下海了。
(4) 逼上梁山,与东家结怨,一怒之下自己当老板。
(5) 想一夜暴富,迅速提高生活品质和社会地位。
(6) 随大流,身边的好友都创业,我也尝试尝试。
(7) 为了追求独立和自由,自己当家做主。
(8) 为了实现自我价值,证明自己的能力和才华。
(9) 追求责任感和使命感,要为社会做点事。
(10) 为了圆梦,实现自己的人生梦想。

概括一下,形形色色的创业者走上创业之路,其动机不外乎以下几类.

1. 生存的需要

鲁迅先生说过,我们一要生存,二要温饱,三要发展。生存是人类的第一需要。当一个人失去就业机会,为养家糊口、饱衣暖食,不得不发奋自己创业。下岗工人、失去土地或因为种种原因不愿困守乡村的农民,以及刚刚毕业找不到工作的大学生,都属于这类创业者。据清华大学的调查报告显示,这一类型的创业者,占中国创业者总数的90%。再者,当前我国高校学生中城镇生源的学生95%均为独生子女,从小在父辈的呵护下衣来伸手、饭来张口,以至于独立性非常差。通过接受教育,已经有不少学生意识到了这一点,并试着学习独立。为了自己养活自己,这部分人在不耽误学习的情况下尝试投入到低端行业来丰满羽翼。

2. 利益的驱动

有这样一类人,他们觉得为别人打工拿死工资很难脱贫致富,很难早日摆脱房奴车奴的生活,他们还会向往创业名家身上的财富光环。为了积累更多的财富,拥有名车豪宅、吃山珍海味、穿金戴银、游山玩水,他们走进了创业的行列。如果创业成功,不仅财源滚滚,而且知名度、社会地位、尊严等都会上一个大台阶。这里所言并非拜金主义。只要诚信诚实合法,纯粹以赚大钱为目的的创业动机本无可厚非。毕竟价值观不同,生活态度和人生态度也不一样。

3. 压力的驱使

创业也是一份职业,只不过这份职业需要创业者具备较高的综合素质才能顺利地开展工作。当前,我国的大学生就业形势相当严峻,主要表现为毕业生和社会职位之间的供需矛盾,为了缓解就业压力,为了能找到一份自己满意的工作,部分大学生在创业的浪潮中开始了搏击。另外,经济压力也是大学生自主创业的一种动机。如今大学毕业生的工资待遇偏低,在中小城市还能使生活过得滋润安逸,在北京、上海、广州这样的大都市则只能维持基本的衣食住行。他们认为按部就班地给别人打工不能改变窘困的生活现状,而成功自主创业带来的高利润高效益能够缓解压力摆脱尴尬,因此不妨自己做自己的老板。这类学生同时还抱着这种心态:自己的事业,做起来会更有工作激情,更投入,从而更容易成功;就算失败,也是自己造成的,不会去怪别人,不会感到遗憾。

4. 积累学识

有人比喻过,从干荔枝的味道,是无法推想出鲜荔枝的风味的。这句话道出了直接经验的重要。书本知识都是前人的认知积累,亲自实践获得的知识比间接经验要深刻通透得多。有一类人,他们为了增加自己的实践经验,丰富自己的社会阅历,或者为了自己以后的发展或为了实现自己的某个目标做好经济上的准备,在条件成熟的情况下,会利用课余或业余时间走上创业的道路。他们的动机往往很单纯,不掺杂任何物质功利因素,创业者本身也没有生活压力,就是为了使自己由单纯走向成熟。

5. 实现理想

麦可思发布的2010届大学生毕业半年后社会需求与培养质量的抽样调查结果显示,从毕业生自主创业动机来看,创业理想是2010届大学毕业生自主创业最重要的动力(本科占41%,高职高专点42%),只有7%的本科毕业生因为找不到工作才创业,高职高专毕业生这一比例为6%。

心理学研究表明:25~29岁是创造力最为活跃的时期,这个年龄段的青年正处于创造能力的觉醒时期,对创新充满了渴望和憧憬。他们思维活跃、创新意识强烈,同时所受的约束和束缚较少,按照ERG理论,对成长的需要也更为强烈。另外,由于大学生所处的环境,他们往往更容易接触一些新的发明和学术上的新成果,或者他们中的一部分人本身拥有具有自主知识产权的科研成果。为了能早日实现自己成功的目标,他们中的一部分人改变了自己的成功观念,也开始了自己的创业生涯。

1.4.3 产生创业动机的驱动要素

目前普遍接受的创业动机模型是Kuratko和Hodgetts提出的创业动机模型,该模型强调个体性格特质、个体环境和商业环境对个体创动机的影响。而创业动机从本质来看，是指创业还未开始的状态，这种状态是受个体因素和社会因素双重影响的。

1. 个体因素

1) 层次需求因素

根据马斯洛的需求层次理论，人类的需求可分成 7 个层次：生理需求（physiological needs）、安全需求（safety needs）、隶属与爱的需求（belongingness and love needs）、自尊需求（self-esteem needs）、求知的需求（need to know）、美的需求（aesthetic needs）和自我实现需求（self-actualization needs）。他认为，各层需求之间不但有高低之分，而且有前后顺序之别，只有低一层需求获得满足之后，高一层的需求才会产生。较低的前四层称为基本需求（basic needs），较高的后三层称为成长需求（growth needs）。

层次需求不同，创业动机也会产生差异。在"基本需求"的驱使下，创业者会为了财富、尊严而创业。在一定层面上，积累了财富往往会相应地获得自我满足和他人尊重，因此，创造财富是绝大部分创业者的直接目标；而"成长需求"则能够在很大程度代表自我价值实现的需要与满足，包括"不服气"与"活出自我"。其中，"不服气"是一种不能实现自我的反思，"活出自我"是自我实现后的满足。

2) 创业者个性因素

有人用"赌徒"来形容创业者。的确，不少创业者都有"赌"的心态和动机。有时孤注一掷的决绝也确实能够在创业困境中扭转时局柳暗花明。但创业者一定要明白自己的"赌注"是什么，"赌"什么，赌输了怎么办，赌赢了干什么。这其实是创业者能力的问题。

成功创业者往往是这样的一群人：他们有敢问天下先的勇气，有百折不挠的毅力，对事业和社会高度负责；他们眼光独到、观察力敏锐，能够总揽全局、高瞻远瞩；他们储备了丰富的知识，具备了良好的技能，善于处理复杂的矛盾。高素质决定着创业动机的高境界。

2. 社会因素

1) 创业教育因素

纵观国外，创业教育搞得有声有色且成效卓著。在美国，据麻省理工学院 1999 年的一项统计显示，该校的毕业生已经创办了 4 000 多家公司；斯坦福大学则是另外一个典型，美国硅谷 60%～70%的企业是斯坦福大学学生和教师创办的。这些不断涌现的创业企业不仅提供了大量的工作机会，燃起了社会民众的创业激情，而且为美国经济的发展注入了新鲜的活力。创业教育的重要性在于，通过创业教育改变人们的传统意识与观念，使人们具有创业精神，产生创业意识，提高创业能力，从而将创业作为一种人生态度。人们尤其是大学生群体，接受创业教育的程度很大程度上影响了他们创业动机的产生。

创业者的素质并非天生的,而是在后天的环境中逐步形成的。没有孩提时代闻听的种种东方传说,马可·波罗很难萌发东方之旅的意识。没有精湛的软件技术与非凡的创业能力,比尔·盖茨不可能在 IT 行业独领风骚。正因如此,学校必须顺应创业热潮,构建行之有效的创业教育体系。其中,创业课程学习是提升学生创业素质的重要环节。

事实证明,一个人接受的创业教育越系统全面,其创业能力越高,创业的勇气与决心越大,选择创业道路的可能性越大。

2) 政策环境因素

创业不单是个体行动的结果,外部因素如经济形势、政策法规等,也起到了重要的作用。国家经济政策影响着创业活动,进而影响经济的增长。研究表明,制度特别是管理制度对潜在创业者的影响更大。当国家的经济自由程度增加时,个体更愿意自主创业。

政策环境是不同层级的政府为了其特定的目的而实施的一系列制度集合。有些制度或规章是直接和创业相联系的,比如针对高科技创业的优惠措施,包括资金支持、提供土地、税收减免、财政补贴等;有些政策是为整个经济环境运转的各个环节服务的,比如发展资本市场、推行环保政策、医药体制改革等,并不直接针对创业,但也通过连锁反应影响创业。一方面,政策制度变化其本身又是商业机会窗口,使更多的潜在创业者感知机会的来临,从而促进创业。另一方面,创业又必须在制度的框架内做出有限理性决策,来判断创业的可行性。总地来说,创业政策越好,个体创业动机越强。

3) 文化环境因素

一个国家或地区的文化环境影响当地人的创业意识和动机,积极的创业文化能促动更多的人萌生创业动机,从而使有创业动机的个体有意识地搜寻因为环境的变动带来的商业机会。周边创业氛围是指家族、亲戚、朋友以及邻里的创业状态,是活跃的还是沉寂的。人的行为倾向容易受到周边人的行为状态的感染,从而产生从众效应。从实践来看,创业呈群态发展,有一部分的原因是人们的从众效应的影响。周边创业氛围越浓,个体创业动机越强。

林妹妹——陈晓旭的商海回忆录

推开贴着"南无阿弥陀佛"字样的玻璃门,迎面是一道写着"世邦广告有限公司"和"世邦文化发展有限公司"的浅色幕墙。一切都是静悄悄的。

沿着二层中央的天井走到靠南的一间屋子,一个面容娇好的女子从桌子后面的转椅上站起来,古典气韵的面孔,齐腰的长发,瘦削得似乎弱不禁风。而当她默默地望着你时,又分明是那个眸子里满含忧郁的林黛玉。

作为世邦广告有限公司的董事长,陈晓旭的办公室只有十几平方米,除了室内缭绕着轻缓的佛乐"阿弥陀佛"外,有两样东西最为醒目:一件是正对着门的地方立着她在电视连续剧《红楼梦》里饰演林黛玉的经典剧照,一件是办公桌对面墙边设立的佛堂。佛堂桌上摆着一位身穿僧衣的老和尚的照片,看起来慈眉善目,精神矍铄。

"他是我的师父,净空法师。"陈晓旭介绍说。

"我总结了一下我的前半生,我经历的困难和挫折真的不是很多。我的问题都是对自己的一种判断、否定、反思和重新开始。"陈晓旭在接受《时代人物周报》专访时说。

尽管在生意场上摸爬滚打了十几年,陈晓旭见到陌生人仍显拘谨,但自我意识非常强烈。"我跟林黛玉一模一样——太自我了,别人都不欢迎我,记者对我的印象也不好。我不高兴的时候就不理你,或者说是不顾及别人的感受。"

生活中的陈晓旭颇为低调,极少接受采访,更不愿意谈及私生活。不过她还是告诉《时代人物周报》,如今她跟父母和妹妹一家三口住在一套大房子里,"演妙玉的姬玉老住在我们家。"还有就是,她的丈夫与她一起经营着世邦公司,"他很健康,很阳光,很帅。"

1. 只演两部戏的名演员

陈晓旭一共只演了两部戏,即《红楼梦》和《家春秋》。但当年她的名气却大过很多演了一辈子戏的演员,因为她演了林黛玉。

"拍《红楼梦》时,我已经读过两遍原著了。给王导演写自荐信时,我还附上了14岁时发表的那首歌颂柳絮的小诗。"

陈晓旭说,她那时的性格真的很像林黛玉,长得非常瘦弱,爱读书,醉心于芭蕾。

2. 18岁的陈晓旭

1985年,《红楼梦》剧组开始选演员。18岁的陈晓旭听到这个消息后,拿着一张自己的背面抄着一首诗的照片找到导演,毛遂自荐,要求饰演林黛玉。

"开始导演怀疑我是否能演好,问我能否演另外一个角色。我说:'我就是林黛玉。如果我演其他角色,观众会觉得林黛玉在演另外一个女孩的角色。'导演觉得演林黛玉的演员本身应该是个诗人,所以最终我得到了这个角色。"

接到试镜的通知,她没有告诉鞍山话剧团的同事和领导,而是请了三天病假,偷偷地跑到北京。在《红楼梦》剧组里一待就是三年,没有任何表演经验的她把林黛玉演绎得凄凄惨惨戚戚。

《红楼梦》后来成了中国电视史上最风行的电视剧之一,前后重播了700多次。

她和那部戏里的十多位以前默默无闻的男孩女孩一起一夜成名。那时,她只有21岁,"我不觉得我能演林黛玉是因为我长得美,或是演技好,而是我的性格和气质与她很像。"

《红楼梦》热播后,陈晓旭借助"林黛玉"一角成了家喻户晓的人物。这为她争取到了电视连续剧《家春秋》的女主角梅表姐的角色。但无论她怎么"用功",展示在观众面前的梅表姐都只是"林黛玉"的翻版。

"我就拍过这么两部戏。一是我觉得自己在表演上不如别人有天赋；二是由于起点太高，我之后就没有再遇上什么合适的戏了。事实证明，这是我的幸运，要演就该演最好的角色，不是吗？"

浮华散尽是落寞。此后，陈晓旭独自漂泊北京——十多年前还没有"漂一族"的说法，她成了最早漂在北京的一拨人之一。没有租房中介，没有酒吧和迪厅，不知道往下该怎么走，多次搬家使得她几乎得了房子恐惧症——她害怕拖着行李飘零街头的感觉。

"20世纪80年代末流行出国热，我也盲目地心动过，想去美国，被拒签了。"为了出国，她雇了保姆，并把自己关在家里苦攻英语，她的孤僻性格竟然把保姆给吓跑了。在朋友的建议下，她先去德国，想转签去美国。然而，她在德国待了三个月就回来了。

回国之后的陈晓旭，仍不确定自己该做什么，直到1991年阴差阳错地转入商界。

3. 不懂广告的广告人

"假如有广告客户要跟你谈广告代理，你会怎么谈？"

"跟我谈？"陈晓旭显出非常吃惊的样子，"我不知道，没有客户直接来找我谈的。我们各个部门都有总监，他们比我专业，我需要做的是坚持诚信经营的宗旨和为有志之士提供广阔的舞台。"不跟客户谈广告的陈晓旭，于1996年创立了自己的公司——世邦广告有限公司，担任董事长。那年，她29岁。

陈晓旭说，闯入广告界只是个偶然，说白了是为了生存。1991年，"一个朋友告诉我说，长城广告公司在征集加盟承包经营，可以自己组一套班子单干，他们觉得我应该去试试。没想到公司竟同意由我组建制作总部，自负盈亏，我就大着胆子签了字。"

陈晓旭的创业资金是买股票赚来的。那时，中国的股市也是刚刚起步，她拿演出积攒的两三万块钱跟着别人买原始股，没想到股票翻了好几倍，她成了"先富起来的人"。

公司初创，顶着"长城国际广告公司制作总部经理"头衔的陈晓旭，手下除了几个大学生外，几乎一无所有。她在一家酒店租了一间客房当办公室，业务举步维艰，房租和人员工资几乎压得她抬不起头来。

她的第一个客户出现在一个月后。那是慕名而来的一家药厂，客户对她说："我知道林黛玉是不会骗我的。"

另一家药厂也让她记忆犹新。那是湖北省的一家制药厂，当时几乎就要倒闭了，与她签订了150多万元的代理合同，通过她的宣传，制药厂不但起死回生，而且兼并了一家小厂。

"'林黛玉'的名气对生意没有什么帮助，有理性的人绝不会因为你是'林黛玉'就与你合作。"陈晓旭说。话虽这么说，"林黛玉"仍无形地为陈晓旭带来了一些宝贵的机会。当时，中国只有几百家广告公司，规模都不大，客户不知道做广告该信任谁，纷纷慕其名而来，一派欣欣向荣的景象。

"从1991年开始,一直到1993年,我们都是很顺利的,稳步发展。我进入的时机好,客户盈门。如果放到现在,简直不可想象,行业都已成熟,竞争也日趋激烈,不懂行的人哪有机会?"

"如果说有困难,那就是在1994年。当时,全中国的经济都比较低谷,我们的业务稍微冷清一些。我从演员的角色转到负责一个小企业,不太懂得维系客户。到了1994年,我们失掉了一些客户,进入低潮,处于维持运转的状态。这完全是因为我自己的粗心大意。"

"现在每一个人都懂得,除了对客户的专业服务外,一定要跟客户成为志同道合的朋友和伙伴。我有了很多的感悟和教训,1995年,我重新结识了一批客户,尤其是五粮液集团有限公司,一直跟我们合作了11年。"

9年之后,世邦广告公司已发展成包括广告、文化和商贸三家公司的一个品牌企业。

如今,陈晓旭投入1200万元,与中视传媒筹拍一部28集的电视连续剧,希望在文化领域有所作为。电视剧暂名为《红帮裁缝》,讲的是20世纪初到30年代上海西装行业的发展史和风雨飘摇时代的恩怨情仇。

4. 一种平和的生活

以代理酒类品牌广告发家的陈晓旭却喜欢吃素,从不喝酒。受她的影响,世邦广告有限公司有几名员工也养成了吃素食的习惯。

弃影从商后,陈晓旭曾经很专注于赚钱,努力让父母家人过更好的生活。她为他们创造更舒适的家,还送精美的礼物给他们。

"后来,我发现物欲的增长并没有给我和家人带来真正的快乐。我变得越发忙碌和烦躁,很少有时间和父母相处。直到有一天,我突然发现,父亲母亲不知何时开始衰老、虚弱了,好像随时都有离开我的可能。而我给了他们什么呢?这一切他们又能带走什么呢?这种心痛使我从喧闹中安静下来。我开始想:如果我的父母去世了,他们会去哪里,我们还能见面吗?"

1999年,她偶然在朋友的车上听到净空法师讲解的《无量寿经》的录音带,"突然我的心明亮了,那个世界仿佛印证了我从小到大对清净仁爱世界的无限向往。我对经中所描述的一切没有丝毫怀疑,就像有人将你心中多年描绘的蓝图突然呈现在你面前那样惊喜、感激。"

两个月后,她听说净空法师在新加坡讲经,便立即办理了签证,飞了过去。"看着老法师慈祥光明的面容,我感到自己与佛法很早就相识了。我问老法师:'我可以做您的弟子吗?在我心里,您早已是我的师父了。'第二天,师父为我和妹妹传授了皈依。我们从此踏上了学佛的道路。"

现在每天早上,陈晓旭以诵读《无量寿经》作为一天的开始,在入睡前读诵《地藏经》,来检讨和忏悔自己当天的过错,替一切正在造罪业和受苦的众生忏悔,祈愿他们能和自己一起断恶修善。

"白天的工作很繁忙,我会在午休时静坐30分钟恢复体力,效果很好。失败和成功就变得不重要了,重要的是从中学到了什么,智慧是不是增长了,灵魂是不是长高了,道德是不是提升了。学习在我的生活中占着很大的部分。以后,我希望自己能做更多的有关智慧、道德、教育的公益事业。"

"我的人生目标是:在我寿终正寝之前,能够把人生真正地想清楚,觉悟,并且在有生之年,把自己以前所犯的错误全都赎罪,然后做一些好事。"

陈晓旭所说的"错误",是指行为、语言、思想上有意无意中的过失。

看上去,陈晓旭比她的实际年龄要小得多,而她却说,她的心理年龄"已经不止100岁了"。

"我希望生活尽快过去,像流水一样,然后进入一种特别平静的状态,看书写作,亲近自然。我希望现在就过老年人的生活,希望过我爸爸妈妈(那样)的生活。"

(资料来源:http://ceo.icxo.com/htmlnews/2007/05/17/927529_2.htm.)

问题:

1. 怎样理解创业?创业需要具备哪些条件?
2. 你认为陈晓旭能从一名演员转入商界,并成功创业的主要因素有哪些?
3. 创业环境风云万变,陈晓旭的创业成功给大学生创业提供了哪些启示?

第 2 章 创 业 者

2.1 创业者概述

2.1.1 创业者的定义

创业者源于法文"entreprendre",现在英文表述为"entrepreneur",意思是中间人或中介。在17世纪,创业者指的是与政府签订固定价格合同,承担盈利和风险(亏损)的人。随着时代的进步,创业者的定义也被渐渐完善。目前理论界大多倾向于这种观点——创业者是发现和利用机会,负责创造新价值过程的个体。

2.1.2 创业者的类型

美国学者弗雷德里克·韦伯斯特对创业者进行了分类。

"康替龙型"创业者:他们将人、财、物结合起来创立全新的企业。这是一种"古典型"的创业者,他们在市场上寻求开发的机会,然后通过创新利用这些机会。

"管理型"创业者:他们在现有的企业内,以创业者的方式管理企业。他们通常是企业的首席执行官或高级管理者,需要具备创新精神,领导企业并推动企业向前,尤其是在企业面临变化的时候。

就我国国情而言,从创业的意图和动机上看可将创业者划分为以下三种。

1. 生存型创业者

生存型创业者是指自主创业的下岗工人、失去土地或不愿困守乡村的农民及毕业找不到工作的大学生,这是我国数量最多的一类创业人群。在这类创业者中,多数是为生活所迫而创业。

2. 变现型创业者

变现型创业者是指过去在党政机关掌握一定权力,或者在国有企业、民营企业当经理人期间积累了大量市场关系,并在适当时机自己开办企业,从而将过去的权力和市场关系等无形资源变现为有形财富的创业者。

3. 机会型创业者

机会型创业者又可以分为两类:一类是盲动型创业者,一类是冷静型创业者。盲动型创业者大多极为自信,做事冲动。这种类型的创业者大多同时是博彩爱好者,喜欢买彩票,而不太喜欢检讨成功概率。这样的创业者很容易失败,不过一旦成功,往往是成就一番大事业。另一种则是创业者中的精英,其特点是谋定而后动,不打无准备之仗,或是掌握独特资源,或是拥有专门技术,一旦创业,成功率通常很高。

2.1.3 成功创业者的特质

成功创业者的特质是指成功创业者特有的品质和特征的集合。从心理学的角度看,对创业者的个性心理特征存在两种不同的观点:谢勒尔等认为,创业家具有共同的个性和心理特征,而其他学者则认为创业家的个性和心理特征与其创业决策之间没有必然联系。

鉴于我国特定的国情和悠久的历史文化背景,成功的创业者应具备怎样的品质,可谓是"仁者见仁,智者见智"。目前,普遍认为国内的创业者应具备诚信、把握机遇、不断创新、脚踏实地、终身学习、勤奋、领导才能、执着、直觉和冒险的特质。

2.2 创业者素质

2.2.1 创新型人才的素质要求

根据我们对网上相关数据的分析和对创新型人才群体本身的理解,创新型人才应该具备以下基本素质。

1. 人格独立

这是创新型人才必须具有的人格特征。这就要求人才必须具有"爱吾师,尤爱真理"的价值取向,"不唯书,不唯上,只唯实"的求实精神,不迷信权威、跨越前人的理论勇气。对现有的学说和权威的解释,不是简单地接受和信奉,而是持研究的态度,由质疑进而求异,只有这样,才能另辟蹊径,创立新说。

从科学的发展史上看,一个有重大意义的独创性的科学设想,往往是建立在求异和问题的基础之上的,是由于"不理解最明显的东西"所引起的,是对司空见惯的现象提出的质疑,是对原有理论的某种程度的突破。在它提出之初,很容易遭到多数人的反对。人才的健全独立的人格特征,是坚持实事求是的科学态度,发展、完善和捍卫创新成果的无可替代的基础和前提。

2. 精神自由

精神自由是创新活动得以进行的重要前提,也是创新型人才思维活动的重要特征。所谓精神自由,是指精神无禁锢、思维无定式、心灵无负担。具体来说,就是创新主体在探索创新过程中,精神是自由的;思维是自由的,具有很强的发散性,它流动圆转、随机应变、触类旁通,不受定式的束缚;心灵是自由的,没有物质条件匮乏的沉重压迫,没有利害得失考虑的煎熬,没有与事业无关的应酬和干扰。只有这样,才能实现创造性思维的多向性,从多种角度提出各种设想、多种方案,从多方面进行探索和研究。只有这样,创造性思维才可以驰骋想象,摆脱时空的限制,自由地驰骋于无边无际的思维的广阔天地,绽放灵感和直觉的火花。只有这样,创造性思维才能专注一事、穷究一理,在探索创新的过程中心无旁骛,直到取得突破性进展。

3. 兴趣浓厚

兴趣浓厚是创新型人才必备的素质特征。在兴趣的驱动下,人才对事物的兴趣可以转化为一种热爱的情感,并由此产生积极的思维活动和认真钻研的态度。兴趣使人处于兴奋的反应活动中,大脑皮层就会产生优势兴奋中心,这时人对事物的感受就会变得敏锐、迅速、牢固,并且促使人高度地专注它,主动地对它进行钻研和探索。在创新活动中起重要作用的直觉思维伴随着被称为灵感的一种特殊的心理体验和心理过程,灵感是认识主体的创造力突然达到超水平发挥的一种心理状态。俄国化学家门捷列夫在梦中完成了化学元素周期表,阿基米德在洗澡时猛然领悟测量比重的方法。所有这些由灵感导演的"精彩戏剧",都离不开科学家对所研究问题的极度专注。

浓厚而又广泛的兴趣还能帮助人才形成更为宽厚的学养平台和更为独特的知识结构,使他们在创新活动中能够调动更多的知识积累,形成更新奇的联想链接。实践证明,创新活动往往涉及多学科、多方面的知识,幸运之神往往更偏爱兴趣广泛、学识丰富的人才。诺贝尔奖获得者丁肇中则是先取得了密歇根大学的哲学博士学位,后获得麻省理工学院理学博士学位。

4. 观察敏锐

创新的过程实际上也是发现问题和解决问题的过程,而发现问题和解决问题都离不开敏锐的观察能力和强烈的好奇心。敏锐的观察力可以使人才迅速地获得深刻、准确的感性材料,见到容易被人们忽略的各种现象,从而发现问题、解决问题。敏锐的观察力常常是与强烈的好奇心紧紧联系在一起的,没有好奇就没有敏锐的观察,也就没有创造性的想象。爱因斯坦把自己的成就归功于好奇,他说:"我没有特别的天赋,我只有强烈的好奇心。"具有强烈好奇心的人对于事物常常会打破砂锅问到底,在工作和学习中,这种精神往往驱使人们深入钻研,百折不挠,不找出问题的答案不罢休,这在创新活动中是至关重要的。

5. 坚韧不拔

创新活动具有强烈的目的性,在目的实现的过程中,注定会遇到与目标相左的各种矛盾和干扰。只有不知疲倦地忘我工作,在困难面前表现出坚韧不拔的毅力和勇气,在失败时表现出不屈不挠的精神,能够经受住生理上的困难和精神上的挫折,才能把创新活动进行到底。发明家爱迪生为了寻觅一种耐用的灯丝材料,经历过7 600次失败;为改进当时的蓄电池,承受了10 296次失败。正是永不言弃、屡败屡战的坚韧,最终产生了他的发明。

2.2.2 创业者需要具备的素质和能力

1. 创业者需要具备的素质

一个创业者需要具有敏锐的市场嗅觉,或者能够在第一时间发现市场空白,或者针对现有市场状况创造新的需求,或者发现重新整合市场的经营管理方法,或者能寻找到不同地域之间市场发展不平衡所隐藏的商机。总而言之,只有具备这样的素质才能保证在瞬息万变的市场之中寻找到一席之地,从而以此为跳板展开创业计划。创业者需要具备的素质大致包括以下几点。

1) 具备良好心理素质

并不是每个人创业的道路都是一帆风顺的,时代的宠儿毕竟是少数,多数创业者的创业道路都是艰辛曲折的。因为创业多数时候是步入一个自己陌生的领域,接触陌生的人群,了解陌生的资讯,用自己陌生的思考方式来思考问题,正因为这样也就带来了相当多的困难。因此只有保证心态的平和才能避免患得患失,避免欠思考的冲动,避免行为与目的的背离,从而更好地面对困境。要保持良好的心态,一方面要加强个人修养,多从历史经验中寻找答案,这样对没有经历的事情就起码有了理论和心理上的准备,甚至可以综合前人行为来解决相应的问题。另一方面要善于学习,心境的起伏多数是因为面对不曾面对的境遇,如果能保持良好的学习状态,经常补充新的知识,尽量减少这种陌生感,心境自然就不会有太大起伏了。

2) 保持头脑清醒的素质

创业过程中的很多问题是错综复杂的,在商业行为中也充斥着谎言和欺诈,这样创业者除了要保持良好的心态之外还要有冷静的头脑,在繁杂之中寻找关键,在谎言之中寻找漏洞。逻辑思辨是很好的工具,通过缜密的逻辑训练可以让创业者更好地理清事务的头绪,找到行为言辞中不合常理的地方,从而摆脱谎言的困扰。

3) 制订计划的素质

商业机会转瞬即逝,因此创业者应该让自己的行为具有更高的效率。达到行为高效的方法首先是制定明晰的运作流程,其次是目的明确地按照流程办事,这样就可以尽量避免个人原因造成的前后反复。每一行为都要考虑是否合乎这一阶段的阶段性目的,每一阶段的阶段性目标制订都要考虑是否合乎整体发展的目的,只有这样才能保证企业的高效率运作,尽快地发展壮大,占领行业市场的有利位置。

4) 较好的人际沟通素质

创业就是做事情,做事情就要与人打交道。那么人际关系的重要性不言而喻,如何保持良好的人际关系呢?重要的一点是增强自身的沟通能力。一方面,每个人都由于生活经历的原因在个人的思辨表达上有些独特的东西,这些东西往往会造成沟通障碍,尽量地多凭借对方的符号系统进行沟通就能够在很大程度上减小这种障碍。另一方面,交流双方由于立场和价值观念不同,必然就有沟通的矛盾,多宽容,多从对方的利益着眼,达到共荣,达成共识是保持良好沟通的又一重要素质。

2. 创业者需要具备的能力

成功创业需要承担责任和义务,只有敢于承担责任才有可能创业成功。企业的发展困难重重,要有能力应对和解决各种风险,有积极的处事应变能力和化解风险的能力,果断的决策是必不可少的,如果具有某个行业的专业技能的话,更能帮助你快速地成功创业。但仅凭这些还是不够的,一个成功的创业者并非都是闯出来的,俗话说"打江山容易,守江山难",成功创业的背后往往要对管理者的管理能力做出要求,如果你不具备管理能力,那么你不适合创业。

创业者需要具备足够的毅力与能力才能在创业的道路上一帆风顺。那么对于创业时期创业者最需要具备哪些方面的能力,才能真正地创业成功呢?

1) 综合知识能力

综合知识中最主要的是专业能力,专业能力是指企业中与经营方向密切相关的主要岗位或岗位群所要求的能力。

劳动者在创办自己的第一个企业时,应该从自己熟悉的行业中选择项目。当然,创业者也可借助他人特别是雇员的知识技能来办好自己的企业,但在创办自己的第一个企业时,如果能从自己熟知的领域入手,就能避免许多"外行领导内行"的尴尬,大大提高创业的成功率。

2) 创新能力

创业实际就是一个充满创新的事业,所以创业者必须具备创新能力,无思维定式,不墨守成规,能根据客观情况的变化及时提出新目标、新方案,不断开拓新局面。在竞争激烈的市场中,缺乏创新的企业很难站稳脚跟。

另外,创业者要有强烈的时代感和责任感,敢于开拓进取,不断创新,并保持思维的活跃。不断吸取新的知识和信息,开发新产品,创造新方法,使自己的事业不断充满活力和魅力。

3) 经营管理能力

创业条件中资金不是至关重要的,最重要的是创业者个人的经营管理能力。经营管理能力是一种较高层次的综合能力,是运筹能力。它涉及人员的选择、使用、组合和优化,也涉及资金聚集、核算、分配、使用、流动。作为创业者,只有学会效益管理、知人善任以及最大化地充分合理地整合资源,才能形成市场竞争优势。

4) 沟通协调等交际能力

创业者要善于妥善安置,处理与协调各种人际关系,建立起和谐的内外部环境。要有社交活动能力,即创业者在从事经济活过程中,通过各种社会交往活动,扩大企业影响,提高企业的经济效益。同时,还要具有语言能力和文字能力。语言能力主要是指口头表达能力,表现为一个新创企业小业主对演讲、对话、讨论、答辩、谈判、介绍等各方面所具有的技巧与艺术的运用。文字能力主要是指书面文字的表达能力,对创业者来讲主要是指对企业发展规划、战略报告、总结执行等的写作能力。

2.3 创业团队

2.3.1 团队对创业的重要性

众所周知,创业是"要和对的人一起做对的事"。一个人即便是三头六臂,如果仅凭自己的力量也很难完整地做好一件事,创业更是如此。人的能力是有限的,何况术业有专攻,只有集结了一群有能力并且有凝聚力的人,在互信的前提下,为了统一的目标而付出努力,选合适的人在合适的位置做他擅长的工作,才能产生"1+1>2"的效果。

在组织中每个人都如同一个零件,相互契合、协调、环环相扣,这样组织才能平稳地运行,就像一部正在运作的机器。每个零件的重要性不同,有些人起到的是如同发动机一般重要的核心带动作用,这种人一般就是我们常常看到的一个企业或者团队的领导人,马云、俞敏洪就是这类领军人物的代表。他们固然是一个组织的重心和掌舵人,但是只凭他们自己,一定也很难成就现在的事业。

1999年马云离开中国国际电子商务中心,准备创建阿里巴巴,在杭州湖畔家园马云家中召开第一次全体会议。18位创业成员或坐或站,神情肃然地围绕着慷慨激昂的马云,马云快速而疯狂地发表激情洋溢的演讲:"黑暗中一起摸索,一起喊,我喊叫着往前冲的时候,你们都不会慌了。你们拿着大刀,一直往前冲,十几个人往前冲,有什么好慌的?"

这段话"马云色彩"强烈,但是也不难感受到这么一个集能力和独到眼光于一身的冲动青年对团队的重视,以及他从团队中得到的力量。在这次"起事"的会议上,马云和伙伴共筹措了50万元本钱。他们没有租写字楼,就在马云家里办公,最多的时候一个房间里坐了35个人。他们每天长达16～18个小时野兽一般在马云家里疯狂工作,日夜不停地设计网页,讨论网页和构思,困了就席地而卧。马云不断地鼓动员工,"发令枪一响,你不可能有时间去看对手是怎么跑的,你只有一路狂奔",他又告诫员工"最大的失败是放弃,最大的敌人是自己,最大的对手是时间"。

如今,阿里巴巴成功了,淘宝成功了,支付宝成功了,马云成功了,甚至可以说是马云带动了整个中国的电子商务的成功,但是,这些成功又并不仅仅是马云一个人的成功。单独的零件发挥不了作用,只有组合才能使各个组成部分的作用发挥得更加充分。创业团队就是将这些原本各自为战的零件有机组合,优势互补,积极融合,大家因为一个信念或是一个人而团结在一起,在经营、发展、技术、生产、营销能力上形成一个统一的整体,同呼吸、共命运,一致的思想和行动力,加上领导者优秀的创新能力和决策能力,只有这样在同行企业中才能脱颖而出,最终创业成功。

有一部创业题材的电影《中国合伙人》,剧中三位男主角成东青、孟晓骏、王阳,在20世纪80年代的大学相识并成为好友,一起学习英语,一起梦想去美国。赴美不成的成东青在经历了一系列挫折之后,与王阳下海做起培训学校,干起了培训学生赴美的教育事业"新梦想"。在美国发展不顺的孟晓骏回国后,用自己开阔的眼界和屈辱的经历帮助朋友寻求公司更大的发展机会,这项事业把他们三个人又绑到了一起。他们性格、能力各不相同,成东青的自嘲式幽默教学法,孟晓骏的美国经验和签证技巧,以及王阳的创新电影教学,让新梦想逐渐被大家接受并认可。在共事过程中三人齐心合力却又矛盾不断,但是经过三个人的努力经营,公司最后取得了很大的成功和发展。

电影里男主角喊出了"千万别跟最好的朋友合伙开公司"的心声,但是我们又不得不说,创业路上,你可能体验辛酸、失败与快乐,也可能见证荒诞、欺骗,乃至背叛,没有互相的信任和认可是很难将事业继续下去的,但是仅凭兄弟之间的情谊也很难维持。由此可见创业团队人员的选择对创业能否成功是至关重要的,这不仅决定了企业能否创业成功,更影响着企业长久发展的方方面面。

2.3.2 创业团队的优劣势分析

1. 创业团队的优势

创业团队中的成员为了团队的利益和目标而相互协作,将个体利益和整体利益相统一从而实现高效率运作的理想工作状态,为企业创造更大的利益。一个好的创业团队的建立,能够使每一个团员很好地借物使力,取团队其他成员的长处来补自己的短处,也把自己的优点长处分享给大家,互相学习,共同进步。

1) 创业团队大于个人

创业团队不仅强调个人的工作成果,更强调团队的整体业绩。它依赖的不仅是集体讨论和决策,同时也强调成员的共同奉献。但是团队大于各部分之和。大家都知道一根筷子能轻轻被折断,但要把更多的筷子放在一起,想要折断是很困难的事。

2) 创业团队的本质是共同奉献

这种共同奉献需要一个切实可行、具有挑战意义且让成员能够为之信服的目标。只有这样,才能激发团队的工作能力和奉献精神,不分彼此,共同奉献。在一个团队里面,只有大家不断地分享自己的长处优点,遇到问题及时交流,才能让创业团队的力量发挥得淋漓尽致。

3) 创业团队与个人潜力

创业团队合作能激发出团队成员不可思议的潜力,让每个人都能发挥出最强的力量。但是一加一的结果却是大于二,也就是说,团队工作成果往往能超过成员个人业绩的总和。

4) 创业团队的核心是协同合作

协同合作是任何一个创业团队不可或缺的精髓,是建立相互信任基础上的无私奉献,团队成员因此而互补互助。

2. 创业团队的劣势

在创业团队中,人多意味着思想不同,大家的想法也不同,在思考问题上,大家思考的角度也不同,所以,在同一个问题上思考出来的答案也会不同。每个人都有自己独立的思想,在采取措施或实施方案的时候,就往往会产生争论,各执己见,力量也会由此而得不到凝聚。如果没有处理好,整个创业团队就会像一盘散沙,力量凝聚不到一起,当观点形成对立的时候,不但不能促使创业团队的发展,更会阻碍创业团队的发展。

2.3.3 组建创业团队的策略

创业者能否走得更远,取决于创业者和创业团队的基本素质。企业的成长是人才成长的一个集中体现,企业的成功也是人才的成功。搭建一支优秀的创业团队对任何创业者而言,都是一项至关重要的工作,它决定着创业的成败。优秀团队的标准是具有高度责任感、成功的行业经验和合作的心态。那么,我们怎样才能组建一支优秀的创业团队呢?

1. 扬长避短,恰当使用

世上的人虽然各种各样,但是,以创业者用人的眼光去看,大致可分为三类:一是可以信任而不可大用者,这是指那些忠厚老实但本事不大的人;二是可用而不可信者,这是指那些有些本事但私心过重，为了个人利益而钻营弄巧，甚至不惜出卖良心的人；三是可信而又可用的人。作为创业者，都想找到第三种人。但是这种人不易识别，往往与用人者擦肩而过。

为了企业的发展，创业者各种人都要用。只要在充分识别的基础上恰当使用，扬长避短，合理配置，就能最大限度地发挥他们的作用。一个优秀的创业团队应该志同道合，目标明确。

团队的成员应该是一群认可团队价值观的人。团队的目标应该是每个加入到团队里的成员所应认可的。否则的话，就没有必要加入。在明确了一个团队的目标时，作为团队的负责人，应该以这个共同的目标为出发点，来召集团队的成员。团队是不能以人数来衡量的。如果你有一群人，但没有共同的理想和目标，那这就不是一个团队，而是一群乌合之众，这样的团队是打不了仗的。所以，创业发起人和他的伙伴应该志同道合，有共同的或相似的价值追求和人生观。

2. 知己知彼，百战不殆

绝大多数创业团队的核心成员都很少，一般是三四人，多也不过十来人，如此少的团队成员从企业管理角度来看，实在是"小儿科"，因为人数太少，几乎每个从事管理工作的人都觉得能够轻易驾驭。但实际上，这个创业团队成员虽少，但是都有自己的想法，有自己的观点，更有一股藏于内心的不服管的信念。因此，我们对创业团队中的每个成员都不能抱以轻视的态度。

优秀的创业团队的所有成员都应该相互非常熟悉，知根知底。在创业团队中，团队成员应非常清醒地认识到自身的优劣势，同时对其他成员的长处和短处也一清二楚，这样可以很好地避免团队成员之间因为相互不熟悉而造成的各种矛盾、纠纷，迅速提高团队的向心力和凝聚力。

3. 完善股权，利益共享

在个人创业的初始阶段，一定要具有群做群分的意识。这里所指的群做群分，就是指创业主导者来寻找一些志同道合的合作人，一起来合作起步发展，并且还要做到清晰且无争议的利益分配。

4. 相互补充，相得益彰

创业团队虽小，但是"五脏俱全"。创业团队成员不能是清一色的技术成员，也不能全部是搞终端销售的，优秀的创业团队成员各有各的长处，大家结合在一起，正好是相互补充，相得益彰。

5. 坦诚相见，互相尊重

作为团队成员，在平时的交往中要坦诚，互相尊重对方，摆正自己的位置，在心中时时提醒自己，双方都是为了共同的利益才在一起的。遇到问题和矛盾时应该向前看，向前看利益是一致的，因为成功会给大家带来更丰厚的收获；盯住眼前的事情不放，只能是越盯矛盾越多，越盯矛盾越复杂，最后裹步不前；只有向前看，成功的希望激励着合作的各方摈弃前嫌，勇往直前，抵达成功的彼岸。

做到以上最基础的几点，在今后企业的发展中，团队才会有一定的凝聚力，能够以企业的利益为核心，在后续的企业活动中，才能各司其职，各尽所能，为企业的长远发展做出贡献。

2.3.4 创业团队的管理技巧和策略

创业团队对于创业成功具有重要的意义，但并非所有的团队都能获得成功。团队的管理也非常重要。由于创业团队本身的动态性特征，团队管理就是贯穿于创业团队的整个生命周期的工作。团队管理是门艺术，要针对具体的情况来灵活进行，但是也有一些普遍性的原则可以利用。

1. 组织

(1) 列出公司里的关键管理角色和将承担这些角色的人员。

(2) 如果企业成立之初，某些关键人员不能参加董事会，指出他们什么时候将加入公司。

(3) 讨论现在或过去的各种情况，在这些情况下，关键管理人员一起工作，从而表明他们是如何进行技能互补，并形成一支有效的管理团队的。

2. 关键管理人员

(1) 对于每个关键人员，详细描述其事业的精彩部分，特别是有关专业知识、技能和成就记录方面，它们展示了关键人员完成所分配角色的能力。

(2) 描述管理团队中每个关键人员的确切职责。

(3) 在此要包括每个关键管理成员的完整简历，必须强调他们的工作经验和实际的成就。

3. 管理回报和所有权

(1) 说明要支付的月薪、计划安排的股票所有权和管理团队中每个关键人员的股权投资数额。

(2) 比较每个关键人员做上一份工作时所得的薪水及其回报。

4. 管理时间

时间就是成本,正确合理地管理好时间可以节约一大部分成本,从而给企业带来效益。具体如何管理好时间呢?这就需要一个科学的方法。

80/20 定律(又称帕累托定律)指出,在任何事物中,最重要的、起决定性作用的只占其中一小部分,约占 20%;其余 80% 的尽管是多数,却是次要的、非决定性的。这就意味着,更合理地分配时间的方法是把 80% 的资源花在能出关键效益的 20% 的方面,让这 20% 的方面又能带动其余 80% 的发展。通过更好地管理时间,在设计过程中,可以优化团队的努力,集中尽可能多的时间和精力在首要任务上,确保在有限的时间内得到最好的结果。

5. 激励

激励是团队管理中极为重要的内容,直接关系到创业企业的生死存亡。如何对创业团队进行有效激励,现在还没有固定的程式可以套用,但可以通过授权、工作设计、薪酬机制等诸多手段来实现。薪酬是实现有效激励最主要的手段,毕竟收益是创业成功的重要表征。在设计薪酬制度时,应考虑差异原则、绩效原则、灵活原则。最终目的是通过合理的报酬让团队成员产生一种公平感,激发和促进创业团队的积极性,实现对创业团队的有效激励。

2.3.5 领导创业者的角色与行为策略

创业团队是团队而不是群体。团队中成员所做的贡献是互补的,而群体中成员之间的工作在很大程度上是互换的。依据不同逻辑组建创业团队既可能带来优势,也可能带来障碍,对后续创业活动会带来潜在影响。

创业团队管理的重点是维持团队稳定的前提下发挥团队多样性优势。创业团队领袖是创业团队的灵魂,是团队力量的协调者和整合者。

对于一个团队来说,其领军人物——领导者是至关重要的,领导者的言行和他所做出的决策直接影响到这个团队的业绩,所以成功的领导者应注意以下几点内容。

1. 责任承诺

责任承诺和决心比其他任何一项因素都重要。有了责任承诺和决心,企业家可以克服不可想象的障碍,并大大弥补其他缺点,如卡尔文·库利居所说:"世界上没有什么可以取代恒心。才能做不到,有才能而没有获得成功的人到处都是;天赋做不到,没有作为的天赋几乎成了一句格言;教育做不到,世界上到处都是受过教育却被社会抛弃的人。恒心和决心是无所不能的。'奋进前行'的口号已经解决了并将一直解决人类的问题。"

成功建立新企业的创业者们能积极主动地克服困难、解决问题并完成所有工作,他们在解决问题和完成任务过程中严格自律、坚韧不拔并能持之以恒。他们可以很快地承担责任和交付责任。有关资料表明,大多数研究者认为,成功的创业者们大多极有恒心,他们在判断什么能做,什么不能做,以及他们从哪可以得到帮助以解决一项十分困难但又十分必要的问题时,表现得非常现实。创业者不能有勇无谋,不要把时间都浪费在即使坚持也得不到效果的项目上,否则还会对企业资金造成巨大浪费,这就需要创业者在坚持和利润上做出更好的抉择。

2. 领导力

领导力(leadership challenge)可以被定义为一系列行为的组合,这些行为将会激励人们跟随领导执行要做的事,而不是简单地服从。所谓领导力,就是一种特殊的人际影响力,组织中的每一个人都会去影响他人,也要接受他人的影响,因此每个员工都具有潜在的和现实的领导力。在组织中,领导者和成员共同推动着团队向着既定的目标前进,从而构成一个有机的系统,在系统内部具有以下几个要素:领导者的个性特征和领导艺术、员工的主观能动性、领导者与员工之间的积极互动、组织目标的制定以及实现的过程。提高领导能力的方法如下。

1) 必须提高决策的谋略能力

深谋远虑属于谋略策划范畴,是领导对全局工作的长远规划。提高对上级决策的科学理解能力,是一个基层领导者战略头脑的高层次要求,它关系到一个团队的决策是否正确、业绩是否理想。所以,一个单位的"领导者"应该在把握国家政策的基础上,结合本团队的实际情况,创造性地制定本团队工作的突破口,这是团队领导者的经常性工作,因此也是领导者们必须练的基本功。

2) 必须提高领导阶层的凝聚能力

实际工作中有的领导阶层之所以对正确的意见集中不了,对本级分歧意见统一不了,对错误认识纠正不了,并非都是领导水平低,在很大程度上是因为领导者在领导层和团队成员心目中的威望不高,这种因不信其人而否其见的现象时有发生。可见领导者在领导阶层具有一定的影响力、号召力和凝聚力,对决策能力有很大影响。

3) 必须有工作上的创新能力

决策是以改变现状为前提的,它是一项创造性的活动,从这个意义上讲没有创新就没有决策,提高团队领导的创新能力是与提高决策能力联系最直接、最密切的一个问题。

2.3.6 创业团队的社会责任

在众人看来,创业团队代表着一种积极向上的精神,人们赋予创业团队太多的希望,创业团队也承载着众人的期盼、团队成员内心的梦想,因此创业团队的一举一动都受众人的关注。事实上,创业是一种成员能力、团队凝聚力以及社会资源的有效利用;一旦创业成功,团队有责任也有义务反馈社会,主动承担起自己的社会责任,带来良好的社会影响。

创业团队的社会责任主要体现在三个方面。

首先,为社会带来积极的影响,鼓舞人们积极创业。创业不仅能解决创业团队的就业问题,更能带动更多人就业,从而解决目前大学生就业难的问题,在一定程度上缓解就业压力。创业,总是能够带来一股积极的能量,这对于现在很多对就业持消极态度的年轻人来说是一种鞭策,唤起年轻人对创业的热情,积极就业的冲动。同时,创业本身也是一个励志故事,就算不用在就业这一层面,对于很多人来说都是一种积极向上的东西,创业者在其中学会吃苦,学会忍耐,对于梦想的事业努力去做,不轻易放弃。创业团队的社会责任在这一方面主要是体现在精神层面上。

其次,创业团队作为资源的有效利用者,在进行资源的有效配置时,应适时反馈社会,做到取之于民,用之于民。如今很多企业在不断发展,生意在不断做大做强的时候,也不忘公益事业,积极做慈善。这一举动,不仅能帮助一些需要帮助的人和事,帮助他们解决生活困难,在他们困难的时候助他们一臂之力,帮助他们完成人生梦想,在人生中因为经济问题少走一些弯路,而且通过力所能及地做一些有利于人民、环境的事,还有利于企业树立良好的形象。在进行公益活动时,企业喜欢以自己的名字冠名,然后对外宣传,这是一件双赢的事。企业既帮助了需要帮助的人,又树立了良好的形象。在这一层面,创业团队的社会责任主要是体现在物质层面上。

最后,创业团队需要良好可持续地发展。创业团队在创业的过程中,占据了一定的人力、物力、财力等一系列社会资源,创业团队若能将创业当作一生的事业,必能将这些资源有效地组合在一起,进行资源整合创造最大的社会价值,而这些资源正确进入轨道后就能有效地可持续使用,从而形成良性循环。但如果在创业初期,创业团队成员因为意见不合、资金短缺、工作繁重等一些磨合期必经的矛盾而中途放弃创业的话,创业团队将损失惨重。因此,这也是创业团队社会责任感的体现,中途放弃创业必将造成这些宝贵的人力、财力、物力资源的流失,给社会造成极大的浪费。因此,创业团队的社会责任的最后一方面体现在保持自身的可持续发展,使创业项目成功地投入运行。

上述三方面从不同角度阐述了创业团队的社会责任,希望创业团队在积极完成自身的创业项目的同时,主动承担社会责任,于人于己都有利。

李彦宏——"百度世界"的成长历程

李彦宏毕业于北京大学,成长于硅谷,创业在中国。他的"百度"中国网民几乎无人不知,而他本人,则显然没有像他的企业那么高的知名度,因为他足够低调。现在,百度每天响应来自138个国家或地区超过数亿次的搜索请求。"有问题百度一下",已经成为了人们的口头禅。

百度的创建人,名叫李彦宏。1968年11月生,山西阳泉人,研究生学历,现任全国工商联副主席、百度在线网络科技(北京)有限公司董事长兼首席执行官、山西省政协委员、省工商联副主席。

1987年秋天,19岁的李彦宏背上行李离开家乡山西阳泉,进入北京大学开始大学生涯;23岁,他远渡重洋赴美国布法罗纽约州立大学主攻计算机;31岁,他创建了中国最大的搜索引擎公司——百度。如今百度已经成为中国人最常使用的中文网站,全球最大的中文搜索引擎,同时也是全球最大的中文网站。

了解李彦宏的人都佩服他极其强烈且清晰的方向感。正是这种不被外界干扰的方向感,引领着百度专注地走到了今天。从北大信息管理专业的本科生到布法罗纽约州立大学专攻信息检索方向的研究生,从《华尔街日报》网络版实时金融信息系统的设计者到Infoseek的工程师,再到百度的创始人,李彦宏一直都专注于"搜索"这个关键词。

李彦宏做事总是出人意料:在留学期间就已经研究了世界知名IT公司的商业运作成败并写下了《硅谷商战》一书;在为商业网站提供搜索服务且占据了80%市场时突然决定转型做自己的搜索门户并将公司赢利模式改为竞价排名;在国内搜索市场打得如火如荼的时候,他突然宣布百度要进军日本;就在阿里巴巴火爆IPO的过程中,他又决定公告天下百度进军C2C,目标直指马云旗下的淘宝网。

1. 深谙本土文化的魔力

"众里寻他千百度,蓦然回首,那人却在灯火阑珊处。"1999年底,雄心勃勃回国创业的李彦宏在给自己的公司起名时很是认真,他设定了三条原则:其一是要代表中国的文化;其二是要跟搜索有关又不能够太直白;其三也是最重要的一点是要简单,中国人能听懂。最终,他从辛弃疾的《青玉案》中获取灵感,并选取"百度"来作为自己初创的网络搜索引擎公司的名字。

创业之初正赶上互联网的泡沫破灭,很多人都对他摇头,包括当时中国互联网行业的先驱张树新也表示疑问:"你怎么这么过时,现在还搞搜索引擎,搜索都诞生好几年了。"但是李彦宏认准的事情,不会轻易放弃。他在母校北大资源楼的两个小房间里开始了创业,定位是搜索技术,业务是为其他网络企业提供中文搜索技术服务——这是李彦宏从风险投资商手里拿到首期120万美元投资的"概念"。很快,包括新浪、网易在内的国内主要门户网站陆续用上了百度的技术,百度借此收取一定数额的技术服务费。

即便是在拿到风险投资之后,也依然没有人想到这个一脸书生气的年轻人会在短短7年后创造出中国概念股第一高位股价公司——2007年11月,百度股价突破400美元,成为在纳斯达克上市的股价最高的中国公司。美国《洛杉矶时报》的道恩·凯米尔勒夫斯基在他的文章中将这一原因归结为"百度以文化优势战胜Google"。他发现,百度按照中国人的网络搜索习惯,让被点击的搜索结果在新的窗口中打开以及提供MP3音乐下载搜索,这些都是百度得以成功的关键因素。

2002年10月,李彦宏召开了竞价排名业务全国代理商大会,使百度竞价排名广告突飞猛进;2003年李彦宏发起的"9月营销革命"——在全国近百个城市展开"竞价排名"付费搜索服务的市场推广活动更让百度取得了巨大市场反响;2004年9月,百度广告每日每字千金,创下中国网络广告天价。2005年8月5日,百度登陆美国纳斯达克,由此李彦宏带领着百度进入了一个崭新的发展阶段。

"更懂中文"一直是李彦宏展示百度优势的"撒手锏"。百度在北京理想国际大厦办公区的会议室也都以"满江红"、"青玉案"、"庆千秋"等词牌名命名。李彦宏和他的团队策划了"精准"、"百度流量就是大"、"你知道我不知道"等几个广告片来宣传自己在中文上的深厚功力。事实上,除了让搜索引擎更懂中文,李彦宏成功的另一个关键是尽量满足网民上网的一切搜寻目的,甚至提供一直饱受争议的MP3下载搜索服务。

对于百度的成功,很多人归结为适应中国市场和中国文化的结果。李彦宏当然认同。如今百度的"贴吧"和"知道"两个产品同样紧贴本土文化。在"贴吧"里,搜索用户可以探讨"你是不是还会玩儿时的游戏?"甚至还可以通过兴趣爱好、性别搜索到你想找的人。贴吧按话题分类,帖子数量高达数百万条。在李彦宏看来,2005年6月推出的"知道"是百度另一个比较成功的产品,通过大众智慧解决了搜索引擎自然语言识别问题,使用户查找搜索结果更加便利。现在,"知道"问答论坛已经回答了近2 000万个问题,成了对网民最有吸引力的产品之一,是所有的国家、所有的语言中最大的互动问答平台。

2007年被认为是百度的国际化元年。这一年百度带给业界震撼的并不仅仅是它的各种搜索产品,还有它的国际化战略以及进军C2C市场的计划。2月百度视频搜索上线,收录中文互联网上最全面的视频内容,百度图书搜索上线;4月,百度盲道上线,成为国内首款互联网无障碍产品;9月,百度又发布了游戏搜索,包括攻略、游戏相关新闻、游戏手记等各种与游戏相关的内容,甚至还包括特定游戏装备的参数和使用信息。

现在的百度,正在多种终端和入口上开拓业务,李彦宏希望让百度搜索遍布人们能够接触到的一切途径:用户不必访问百度主页,也可以搜索信息。超过3万个搜索联盟会员,通过各种方式将百度搜索结合到自己的网站,使用户在上网的任何时候都能进行百度搜索。百度正试图提供从 WAP 到 PDA 的各种搜索服务，即使身边没有 PC，用户也可以通过手机或掌上电脑等无线平台进行百度搜索。

李彦宏提倡创新，反对盲目创新。"在百度，我们鼓励不断研究用户需要、不断揣摩市场方向的创新，这是百度一直严格遵循的一个创新原则，也是百度很多搜索产品和服务能够在推出半年、一年的时间内，就进入产业前两名甚至第一名的原因。"李彦宏公开表示，技术只有满足需求才有价值。

2. 理智得像一台服务器

有人形容：无论面对怎样复杂的局面，他总能以一名理科生的理性逻辑来解析释疑；无论面对诱惑还是困难，他总能一如既往，按照自己的节奏运转，理智得像一台服务器。

2005 年，百度登陆纳斯达克，首日股价上涨 353.85%，创下纳市新的世界纪录，成绩单令大洋彼岸的华尔街惊叹，成为它的对手 Google 上市以来全球最成功的 IPO 之一；2007 年开始，百度东渡日本，踏上国际化征途，主动出击早已在那里迎战的雅虎和 Google。

对于百度进军日本，业界曾一度有人表示担忧，怀疑它的竞争能力。对此李彦宏不以为然："百度更懂中文，不是说百度不可以懂其他的语言，我们做得好是因为我们认真地研究了中国的用户、语言、文化，做出了相应的产品。百度更懂中文只是一个现象，本质是根据当地实际情况开发产品的做法，这个方法可以挪到其他国家，在日本就要找到最懂日文的人，他们做决策我们朝哪个方向走。百度不是因为在中国才能打败 Google 的，我们的技术、人员、体制，任何一方面都不输于国际大公司。"

令人惊喜的是，2008 年 3 月 13 日，日本权威调查机构 Video Research 的最新研究数据显示，在 1 月 23 日到 2 月 22 日，也就是百度正式进军日本的第一个月中，百度日本的 PV 量不断攀升，已经力压所有日本本土搜索引擎，成为日本搜索市场上第四大拥有独立搜索引擎技术的公司。而在图像及视频检索等服务的平均利用网页数和停留时间上，百度日本更是上升到日本搜索引擎市场的第一位。无论如何，作为一个中国的网络公司，能顺利进入日本的高科技市场，本身就是一种突破。李彦宏坚信，百度如果征服了日本市场，对其他市场就会更加有信心和经验。而全球搜索引擎也将出现 Google 和百度划洋而治的格局——在英文市场和非英文市场各领风骚。

一直以来，百度都显得过于顺风顺水。虽然其间也经历过创业高管离职风波、裁员风波、竞价排名风波、音乐下载版权风波等一系列问题，但这些似乎都不足以对百度构成致命威胁。在百度上市前的日子里，百度除贴吧等少数多元产品之外，一直是恪守搜索的尊严。而此后，百度的多元化攻势来得突然、凌厉而迅猛，它先用知道、百科、空间陆续构建了一个围绕着搜索展开的社区，而后，C2C、即时通讯工具"百度 HI"，甚至网络游戏鱼贯而出。

"我曾在一个公开场合说过，搜索未来发展的趋势是社区化。可能是传播范围不广，或者可能是很多人没有听懂我的意思。现在看来，搜索引擎社区化是一个非常明显的趋势。后来出来的'知道'、'百科'，都是利用用户的力量使得人们寻找信息更加方便、快速和准确。"李彦宏对搜索有着常人难以达到的思考深度。

现在在中国，百度遥遥领先于 Google，70% 以上的中国网民优先选择百度作为搜索引擎。

有人评价李彦宏的成功在于：目标明确，市场定位准确。而且头脑冷静，不跟风，不赶潮。他似乎永远知道自己想要得到的是什么，他一直坚信 ASP 商业模式必将获得成功，他知道自己所专注的而别人做不到同样程度的就在搜索领域；在互联网高潮时，他能预言对于国内公司的烧钱做法，国外的投资人要吃亏；在互联网低谷时他能鼓励员工不要只看眼前利益，要把眼光放得长远些。

李彦宏稳健的风格不是与他同龄的人能具备的，但是在互联网多元化时代的背景下，技术出身的李彦宏如今似乎也变得"冒进"起来。随着 2008 年新产品 C2C 和即时通讯工具"百度 HI"的相继出世，百度的两只脚分别伸向了一直都被看作井水不犯河水的另外两个互联网巨头——阿里巴巴和腾讯的领地，直面淘宝、QQ 甚至 MSN。

随着百度的成功，一个个耀眼的光环不断降临在创始人李彦宏身上。"中国十大创业新锐"、"IT 十大风云人物"、"中国软件十大杰出青年"，2005 年 8 月 5 日，百度在美国成功上市，李彦宏也因此当选 2005 年度十大经济人物……所有的一切荣誉，都没有改变李彦宏低调沉稳的本质。在百度员工眼中，他是一个理性、内敛、自信、信念坚定的老板；在合作伙伴的心里，他是一个既照顾家庭又对事业充满激情的男人；在投资人看来，他是一个眼光高远、商业感觉极其敏锐的管理者。

(资料来源：程东升.李彦宏的百度世界[M].北京：中信出版社，2009.)

问题：

1. 一个合格的创业者必须具备怎样的工作态度？
2. 怎样选取合适的投资方向？
3. 我们需要为创业做哪些准备？

第 3 章

创业机会与创业风险

3.1 创业机会识别

3.1.1 商业创意

1. 创意的含义及作用

创意是传统的叛逆;是打破常规的哲学;是深度情感与理性的思考与实践;是创造性的系统工程;是投资未来、创造未来的过程。简而言之,创意就是具有新颖性和创造性的想法,而且能够通过它创造出更大的效益,包括物质的和精神的效益。

创意是创业机会重要的一部分。创意是创业者的一个初步设想,是在创建成功企业的过程中必不可少的因素。好的创意是创业者手中的一个工具,一个创建新企业的火花。找到一个好的创意是将创业者的创造力转变为商业机会历程中的第一步。虽然创意并不都是创业的机会,但绝妙的创意往往是成功创业的起点。

2. 创意的来源

创意活动是推动人类社会进步的主导性力量。人类在创意活动中运用创造性思维摸索出许多新的知识,开发出各种各样的新产品,大大促进了人类社会的进步和发展。

创意活动处于不断变化的环境趋势中。环境变化会导致产业结构的调整,消费结构的升级,思想观念的转变,政府政策的变化,居民收入水平的提高等一系列新情况。这些瞬息万变的环境发展趋势,使各行各业机遇与挑战并存。创业者必须对环境的变化具有高度的敏感,才能真正把握机会,获得创业成功。因此创意主要有以下几种来源。

1) 经济的发展趋势

分析经济的发展趋势,有助于辨识哪些是商业创意实施条件成熟的领域,哪些是暂时需要回避的领域。经济力量直接影响消费者的可支配收入水平;反过来,收入水平又影响消费者的购买动机。要想从经济的变化趋势中捕捉商机,最重要的是要了解谁最有钱去消费，最愿意把钱花在什么地方。例如，随着女性就业人数的增多以及薪酬不断上涨，以白领女性为目标市场的美容护肤产品及女性服饰用品专卖店，呈几何级数增长，而且大多数商场会把这些女性用品设置在一楼或二楼，以方便女性购买。

2）社会的发展趋势

社会的发展趋势必然会影响人们的物质消费和精神文化生活，了解这一点有助于萌发商业创意。许多情况下，产品不仅仅要体现它的使用价值，还要满足人们的多种需求。例如，校园里环保电瓶车的逐渐增多，不是因为学生喜欢坐在电瓶车上观光，而是学生为了节约徒步行走的时间。随着社会的发展变化，个人的生活方式以及企业的生产与营销模式也产生了变化。例如，随着电子商务的兴起，在当当网、卓越网等网站进行网上购物已经成为多数城市青年人的消费方式，开网店也正成为一些大学毕业生创业的新模式。

3）技术的发展趋势

毫无疑问，技术的发展趋势正在改变人们的工作和生活方式，并为商业创意提供持续不断的源泉。例如，移动电话的发明因为满足了人们随时随地联络各种社会关系的需要而使其市场拥有量迅速增加；智能交通电子警察等技术的使用，不仅使城市交通的管理成本大大降低，而且在这一技术推广过程中，催生出很多新行业和新企业。

4）政策规制

政策变化也可以引发政策性创业机会。新政策出台往往引发新的商机，如果创业者善于研究和利用政策，就能抓住商机。例如，2006年我国出台了新的汽车产业政策，鼓励个人、集体和外资投资建设停车场。随着停车场日益增多，对停车场建设中的智能门禁考勤系统、停车场系统、通道管理系统等的需求也随之增多，专门提供停车场所需的软硬件设备就成为一个重要商机。

3.1.2 创业机会的含义及意义

1. 什么是创业机会

机会是指促进事物发展的客观机遇和契机，是人们取得成功的关键因素。在现实生活中，存在着各种各样的机会，创业机会就是其中之一。何为创业机会？简言之，创业机会就是指创业者可以利用的商业机会。

2. 创业机会的意义

机会能够创造人生，改变命运。创业机会对于创业具有更为重要的意义：

（1）创业机会是创业的动力，它把创业者推向了社会的舞台。创业本身是一项带有较大风险性的社会活动，有时候它要以失去现有工作和现有生存条件为代价，因此并不是人人都对它充满渴望。人们之所以产生创业的念头并付诸行动，往往是在一次偶然机会的促动之下开始的,如果不是机会的出现,这些人也许仍然在听天由命地等待命运的安排。

(2) 创业机会是创业的路标,它为创业者指明了前进的方向。创业之路是创业者自己走出来的,但是前进的方向则是创业机会帮助创业者指引出来的。在人生的道路上有许多岔道口,机会就是竖立在岔道口上的路标,创业者抓住机会,就要按照机会所指的方向前进,从而扭转自己的人生。

(3) 创业机会是创业的关键,它使创业者走向成功。机会往往是人生的转折点,是新生活的开始,抓住了机会,距离成功也就不再遥远。当然,肯定机会的作用,并不意味着对个人努力的否定。创业者只有坚持不懈地努力,时刻准备迎接新生活的挑战,才会在机会到来时一举成功。

3.1.3　创业机会的表现形式

创业机会以不同形式出现。虽然以前的研究中,焦点多集中在产品的市场机会上,但是在生产要素市场上也存在机会,如新的原材料的发现等。许多好的商业机会并不是突然出现的,而是对于"一个有准备的头脑"的一种"回报"。在机会识别阶段,创业者需要弄清楚机会在哪里和怎样去寻找。

1. 现有的市场机会

对创业者来说,在现有的市场中发现创业机会,是很自然和较经济的选择。一方面,它与我们的生活息息相关,我们能真实地感觉到市场机会的存在;另一方面,由于总有尚未全部满足的需求,在现有市场中创业,能减少机会的搜寻成本,降低创业风险,有利于成功创业。现有的创业机会存在于:不完全竞争下的市场空隙、规模经济下的市场空间、企业集群下的市场空缺等。

(1) 不完全竞争下的市场空隙。不完全竞争理论或不完全市场理论认为,企业之间或者产业内部的不完全竞争状态,导致市场存在各种现实需求,大企业不可能完全满足市场需求,必然使中小企业具有市场生存空间。中小企业与大企业互补,满足市场上不同的需求。大中小企业在竞争中生存,市场对产品差异化的需求是大中小企业并存的理由,细分市场以及系列化生产使得小企业的存在更有价值。

(2) 规模经济下的市场空间。规模经济理论认为,无论任何行业都存在企业的最佳规模或者最适度规模的问题,超越这个规模,必然带来效率低下和管理成本的提升。产业不同,企业所需要的最经济、最优成本的规模也不同,企业从事的不同行业决定了企业的最佳规模,大小企业最终要适应这一规律,发展适合自身的产业。

(3) 企业集群下的市场空缺。企业集群主要指地方企业集群,是一组在地理上靠近的相互联系的公司和关联的结构,它们同处在一个特定的产业领域,由于具有共性和互补性而联系在一起。集群内中小企业彼此间发展高效的竞争与合作关系,形成高度灵活专业化的生产协作网络,具有极强的内生发展动力,依靠不竭的创新能力保持地方产业的竞争优势。

2. 潜在的市场机会

潜在的创业机会来自于新科技应用和人们需求的多样化等。成功的创业者能敏锐地感知社会大众的需求变化,并能够从中捕捉市场机会。

新科技应用可能改变人们的工作和生活方式,出现新的市场机会。通信技术的发展,使人们在家里办公成为可能;互联网的出现,改变了人们工作、生活、交友的方式;网络游戏的出现,使成千上万的人痴迷其中,乐此不疲;网上购物、网络教育的快速发展,使信息的获取和共享日益重要。

需求的多样化源自于人的本性,人类的欲望是很难得到满足的。在细分市场里,可以发掘尚未满足的潜在市场机会。一方面,根据消费潮流的变化,捕捉可能出现的市场机会;另一方面,根据消费者的心理,通过产品和服务的创新,引导需求并满足需求,从而创造一个全新的市场。

3. 衍生的市场机会

衍生的市场机会来自于经济活动的多样化和产业结构的调整等方面。

首先,经济活动的多样化为创业拓展了新途径。一方面,第三产业的发展为中小企业提供了非常多的成长点,现代社会人们对信息情报、咨询、文化教育、金融、服务、修理、运输、娱乐等行业提出了更多更高的需求,从而使社会经济活动中的第三产业日益发展。由于第三产业一般不需要大规模的设备投资,它的发展为中小企业的经营和发展提供了广阔的空间。另一方面,社会需求的易变性、高级化、多样化和个性化,使产品向优质化、多品种、小批量、更新快等方面发展,也有力地刺激了中小企业的发展。

其次,产业结构的调整与国企改革为创业提供了新契机。党的十八大报告指出:"要毫不动摇巩固和发展公有制经济,推行公有制多种实现形式,深化国有企业改革,完善各类国有资产管理体制,推动国有资本更多投向关系国家安全和国民经济命脉的重要行业和关键领域,不断增强国有经济活力、控制力、影响力。"因此,随着国企改革的推进,民营中小企业除了涉足制造业、商贸餐饮服务业、房地产等传统业务领域外,将逐步介入中介服务、生物医药、大型制造等有更多创业机会的领域。

3.1.4 创业机会的来源

1. 问题

创业的根本目的是满足顾客需求,而顾客需求在没有满足前就是问题。寻找创业机会的一个重要途径是善于去发现和体会自己和他人在需求方面的问题或生活中的难处。比如，上海有一位大学毕业生发现远在郊区的本校师生往返市区交通十分不便，创办了一家客运公司，就是把问题转化为创业机会的成功案例。

2. 变化

创业的机会大都产生于不断变化的市场环境，环境变化了，市场需求、市场结构必然发生变化。著名管理大师彼得·德鲁克将创业者定义为那些能"寻找变化，并积极反应，把它当作机会充分利用起来的人"。这种变化主要来自于产业结构的变动、消费结构升级、城市化加速、人口思想观念的变化、政府改策的变化、人口结构的变化、居民收入水平提高、全球化趋势等诸方面。比如居民收入水平提高，私人轿车的拥有量将不断增加，这就会派生出汽车销售、修理、配件、清洁、装潢、二手车交易、陪驾等诸多创业机会。

3. 创造发明

创造发明提供了新产品、新服务，更好地满足顾客需求，同时也带来了创业机会。比如随着电脑的诞生，电脑维修、软件开发、电脑操作的培训、图文制作、信息服务、网上开店等创业机会随之而来，即使你不发明新的东西，你也能成为销售和推广新产品的人，从而给你带来商机。

4. 竞争

如果你能弥补竞争对手的缺陷和不足，这也将成为你的创业机会。看看你周围的公司，你能比它们更快、更可靠、更便宜地提供产品或服务吗？你能做得更好吗？若能，你也许就找到了机会。

5. 新知识、新技术的产生

例如随着健康知识的普及和技术的进步，围绕"水"就带来了许多创业机会，上海就有不少创业者加盟"都市清泉"而走上了创业之路。

3.1.5 创业机会的发掘方式

发掘创业机会的做法大致可归纳为以下 7 种方式。

（1）经由分析特殊事件来发掘创业机会。例如，美国一家高炉炼钢厂因为资金不足，不得不购置一座迷你型钢炉，而后竟然出现后者的获利率要高于前者的意外结果。再经分析，才发现美国钢品市场结构已发生变化，因此，这家钢厂就将以后的投资重点放在能快速反应市场需求的迷你炼钢技术。

（2）经由分析矛盾现象来发掘创业机会。例如，金融机构提供的服务与产品大多只针对专业投资大户,但占有市场七成资金的一般投资大众未受到应有的重视。这样的矛盾,显示提供一般大众投资服务的产品市场必将极具潜力。

(3) 经由分析作业程序来发掘创业机会。例如,在全球生产与运筹体系流程中,就可以发掘极多的信息服务与软件开发的创业机会。

(4) 经由分析产业与市场结构变迁的趋势来发掘创业机会。例如,在国营事业民营化与公共部门产业开放市场自由竞争的趋势中,我们可以在交通、电信、能源产业中发掘极多的创业机会。在政府刚推出的知识经济方案中,也可以寻得许多新的创业机会。

(5) 经由分析人口统计资料的变化趋势来发掘创业机会。例如,单亲家庭快速增加、妇女就业的风潮、老年化社会的现象、教育程度的变化、青少年国际观的扩展等,这些必然提供许多新的市场机会。

(6) 经由价值观与认知的变化来发掘创业机会。例如,人们对于饮食需求认知的改变,造就美食市场、健康食品市场等的新兴行业。

(7) 经由新知识的产生来发掘创业机会。例如,当人类基因图像获得完全解决,可以预期必然在生物科技与医疗服务等领域带来极多的新事业机会。虽然大量的创业机会可以经由有系统的研究来发掘,但是最好的点子还是来自创业者长期观察与生活体验。

3.1.6 识别创业机会的行为技巧

创业机会识别是创业领域的关键问题之一。从创业过程角度来说,它是创业的起点。创业过程就是围绕着机会进行识别、开发、利用的过程。识别正确的创业机会是创业者应当具备的重要技能。

面对具有相同期望值的创业机会,并非所有潜在创业者都能把握。成功的机会识别是创业愿望、创业能力和创业环境等多因素综合作用的结果。

1. 创业的愿望是机会识别的前提

创业愿望是创业的原动力,它推动创业者去发现和识别市场机会。没有创业意愿,再好的创业机会也会视而不见,或失之交臂。

2. 创业能力是机会识别的基础

识别创业机会在很大程度上取决于创业者的个人(团队)能力,这一点在《当代中国社会流动报告》中得到了部分佐证。报告通过对1993年以后私营企业主阶层变迁的分析发现,私营企业主的社会来源越来越以各领域精英为主,经济精英的转化尤为明显,而普通百姓转化为私营企业主的机会越来越少。国内外研究和调查显示,与创业机会识别相关的能力主要有远见与洞察能力、信息获取能力、技术发展趋势预测能力、模仿与创新能力、建立各种关系的能力等。

3. 创业环境的支持是机会识别的关键

创业环境是创业过程中多种因素的组合，包括政府政策、社会经济条件、创业和管理技能、创业资金和非资金支持等方面。一般来说，如果社会对创业失败比较宽容，就会有浓厚的创业氛围；国家对个人财富创造比较推崇，就会有各种渠道的金融支持和完善的创业服务体系；产业有公平、公正的竞争环境，那就会鼓励更多的人创业。

3.2 创业机会评价

创业者自身的特征及想法固然重要，但并不是每个想法都能转化为创业机会。许多创业者仅凭想法去创业，也对创业充满信心，但最终却失败了。不是每个创业机会都会给创业者带来益处，每个创业机会都存在一定的风险，因此，创业者在利用创业机会之前要对创业机会进行科学的分析与评价，然后做出选择的决策。

3.2.1 有价值创业机会的特征

有的创业者认为自己有很好的想法和点子，对创业充满信心。有想法、有点子固然重要，但是并不是每个大胆的想法和新异的点子都能转化为创业机会。许多创业者因为仅仅凭想法去创业而失败了。那么如何判断一个好的商业机会呢？《21世纪创业》的作者杰夫里·A. 第莫斯教授提出，好的商业机会有以下三个特征。

1. 它很能吸引顾客

这是创业机会最基本的一个特点，创业的最终目的是获得商业利益，而顾客则是商业利益的来源，因此，必须是能引起顾客兴趣、让顾客愿意去消费的才是好的商业机会。著名广告专家里斯和屈特在《市场定位：广告攻心战略》一书中说："要找出市场间隙，不能随波逐流，而要逆向思考，如果大家都朝西，你就试试看是否朝东走得通。"这里说的间隙指的就是消费者心中的间隙，也就是消费者心中尚未很好满足的需求。创业的关键就在于正确确定目标顾客的需要和欲望，并且比竞争对手更有效、更有利地传送目标顾客所期望的产品或服务。

2. 它能在现存的商业环境中行得通

商业机会与时代是紧密联系在一起的，具有强烈的社会色彩。现行的政治、经济制度既可以为商业的发展提供机会，也可能使商业如同生长于碱性土壤的植物一样奄奄一息，毫无生机。因此，必须考察该机会是否与现存的商业环境相适合。

3．它必须在机会之窗存在期间被实施

机会之窗是指商业想法推广到市场中所花的时间,若竞争者已经有了同样的思想,并把产品已推向市场,那么机会之窗也就关闭了。所有的机会具有易逝性,商业机会也不例外。一个独特的商机一旦能产生财富,必将吸引众多竞争者。如果行业壁垒较低,那么行业会很快饱和。在这种情况下,创业者必须迅速进入并赶在收入在过度开发的市场上分散前退出。

3.2.2　个人与创业机会的匹配

创业者必须有资源(人、财、物、信息、时间)和技能才能创立业务。卡耐基说过:一个人的成功,15%靠他的专业技术,而85%要靠他拥有社会资源的多少。对于创业者而言,创业过程就是与周围环境的动态交流过程。创业者只有具备充足的资源和技能才能获得成功,换言之,个人与创业及机会只有达到了一定的匹配程度,才可能将创业机会变成现实。

1．创业者要具备敏锐的市场观察力

创业者要培养市场调研的习惯,发现创业机会的关键点是深入市场进行调研,要了解市场供求情况、变化趋势,考察顾客需求是否得到满足,注意观察竞争对手的长处和不足。

2．创业者需要多看、多听、多想

每个人的知识、经验、思维以及对市场的了解不可能做到面面俱到,多看、多听、多想能广泛获取信息,及时从别人那里汲取有益的东西,从而增加发现机会的概率。

3．创业者需要具有独特的思维

机会往往是被少数人抓住的,创业者只有克服了从众心理和传统的思维方式,敢于相信自己,有独到的见解,不人云亦云,不为别人的议论所干扰,才会发现和抓住被大多数人忽略或者遗忘的机会。

3.2.3　创业机会评价的技巧和策略

创业机会需要从不同侧面予以综合评价,但这些不同侧面的机会特征存在主次之分,其重要程度存在较大差异。这就是说,在机会识别时需要把重点放在某些更为重要的指标上,对其正确识别评价后,再结合其他方面的特征做出整体判断。创业机会可以从三个层次进行分析和评价。

一是创业机会的核心特征:产品和市场。这一层次的特征属于创业机会的自然属性,不依赖于创业者或者创业机会的其他特征而存在,相反,创业机会的其他特征却往往需要与其核心特征相匹配,才能创造出最大价值。一个具有较大潜力的企业应该能够生产出满足客户需求的产品,这种产品应能令客户感到具有较大价值。也就是说面对客户来说,他们应该能够从产品或服务的购买中得到利益。因此,具有较高潜力的企业应能确定产品或服务的市场定位。

二是创业机会的支持要素:团队、资源和商业模式。这是创业机会评价指标的第二个层次,也是创业者或者创业团队能够有效开发创业机会的支持条件。创业企业应该拥有一支强大的业内精英的管理队伍,这些团队成员的技能应该具有互补性和相容性,能够在相同的技术、市场、服务领域被证明具有足够的经验,这样的创业机会就会很有吸引力。团队成员同时具有充足的社会关系资源以及较为成熟的商业管理模式实践。

三是创业机会的成长预期:财务指标和收获条件。这是创业机会评价指标的第三个层次,成长预期是创业者对于创业机会的潜在价值的最终判断。只有符合创业者心中的标准,创业机会才能真正付诸行动。创业者在评价所追求的创业机会带来的利润增值时,还必须认真考虑其他可选方案,要以诚实的态度认真分析每一个创业机会所包含的价值同时,一个好的创业者必须要有能力处理创业企业在资金上出现的困难,能够在不被债务束缚住的前提下自行恢复。

3.2.4 创业机会评价的步骤

专家把创业机会评价流程分为五大步骤:

(1) 判断新产品或服务将如何为购买者创造价值,判断新产品或服务的使用的潜在障碍,如何克服这些障碍,根据对产品和市场认可度的分析,得出新产品的潜在需求、早期使用者的行为特征、产品达到创造收益的预期时间。

(2) 分析产品在目标市场投放的技术风险、财务风险和竞争风险,对机会窗进行分析。

(3) 在产品的制造过程中是否能保证足够的生产批量和可以接受的产品质量。

(4) 估算新产品项目的初始投资额,确定使用何种融资渠道。

(5) 在更大的范围内考虑风险的程度,以及如何控制和管理那些风险因素。

3.3 创业风险识别

风险识别是指在风险出现或出现之前就予以识别,以有效把握各种风险信号及其产生的原因。企业经营者如不能正确、全面地认识企业可能面临的所有潜在损失,就不可能及时发现和预防风险,难以选择最佳处理方法。因此,风险管理的第一步就是要正确、全面地认识可能面临的各种潜在损失。

3.3.1 创业风险的构成与分类

创业风险是指在企业创业过程中存在的风险,即由于创业环境的不确定性、创业机会与创业企业的复杂性,创业者、创业团队与创业投资者的能力与实力的有限性而导致创业活动偏离预期目标的可能性。

(1)按风险来源的主客观性划分,可分为主观创业风险和客观创业风险。

主观创业风险,是指在创业阶段,由于创业者的身体与心理素质等主观方面的因素导致创业失败的可能性。客观创业风险,是指在创业阶段,由于客观因素导致创业失败的可能性,如市场的变动、政策的变化、竞争对手的出现、创业资金缺乏等。

(2)按创业风险的内容划分,可分为技术风险、市场风险、政治风险、管理风险、生产风险和经济风险。

技术风险,是指由于技术方面的因素及其变化的不确定性而导致创业失败的可能性。市场风险,是指由于市场情况的不确定性导致创业者或创业企业损失的可能性。政治风险,是指由于战争、国际关系变化或有关国家政权更迭、政策改变而导致创业者或企业蒙受损失的可能性。管理风险,是指因创业企业管理不善产生的风险。生产风险,是指创业企业提供的产品或服务从小批试制到大批生产的风险。经济风险,是指由于宏观经济环境发生大幅度波动或调整而使创业者或创业投资者蒙受损失的风险。

(3)按风险对所投入资金即创业投资的影响程度划分,可分为安全性风险、收益性风险和流动性风险。

创业投资的投资方包括专业投资者与投入自身财产的创业者。安全性风险,是指从创业投资的安全性角度来看,不仅预期实际收益有损失的可能,而且专业投资者与创业者自身投入的其他财产也可能蒙受损失,即投资方财产的安全存在危险。收益性风险,是指创业投资的投资方的资本和其他财产不会蒙受损失,但预期实际收益有损失的可能性。流动性风险,是指投资方的资本、其他财产以及预期实际收益不会蒙受损失,但资金有可能不能按期转移或支付,造成资金运营的停滞,使投资方蒙受损失的可能性。

3.3.2 创业风险识别的方法

机会风险中,一些是可以预测的,一些是不可预测的。创业者需要结合对机会风险的估计,努力防范和降低风险。风险识别的具体方法主要有以下几种。

1. 业务流程法

以业务流程图的方式,将企业从原材料采购直至送到顾客手中的全部业务经营过程划分为若干环节,每一环节再配以更为详尽的作业流程图,据此确定每一环节进行重点预防和处置。

2. 咨询法

以一定的代价委托咨询公司或保险代理人进行风险调查和识别,并提出风险管理方案,供经营决策参考。

3. 现场观察法

通过直接观察企业的各种生产经营设施和具体业务活动,具体了解和掌握企业面临的各种风险。

4. 财务报表法

通过分析资产负债表、损益表和现金流量表等报表中的每一个会计科目,确定某一特定企业在何种情况下会有什么样的潜在损失及其成因。由于每个企业的经营活动最终要涉及商品和资金,所以这种方法比较直观、客观和准确。

3.3.3 系统风险防范的可能途径

为避免造成重大经济损失和社会不良影响,每个创业者都应花大力气进行风险预防。创业者应选择那些发生概率大、后果严重的事件,进行重点的防范。机会风险分为系统风险与非系统风险。系统风险主要是创业环境中的风险,诸如商品市场风险、资本市场风险等;非系统风险是指创业者自身的风险,诸如技术风险、财务风险等。系统风险的防范途径主要有以下几种。

1. 降低现金风险的防范

降低现金风险的防范对策有:向有经验的专家请教;经常评估现金状况;理解利润与现金以及现金与资产的区别,经常分析它们之间的差额;节约使用现金。现金管理上应注意接受订货任务要与现金能力相适应;不将用于原材料、在制品、成品和清偿债务的短期资金移作固定资产投资。

2. 降低开业风险的防范

降低开业风险的防范对策有:在你最熟悉的行业办企业;制定符合实际的,而不是过分乐观的计划;在预测资金流动时,对收入要谨慎一点,对支出要留有余地,一般要留出所需资金10%的准备金,以应付意外;没有足够资金不要勉强上项目,发现问题时要立即调整。

3. 降低市场风险的防范

降低市场风险的防范对策有：以市场及消费者的需求为生产的出发点；时刻关注市场变化，善于抓住机会；广泛收集市场情报，并加以分析比较，制定有效的市场营销策略；摸清竞争对手底细，发现其创业思路与弱点；对各种成本精打细算，杜绝不必要的费用；健全符合自身产品特点的销售渠道网络；充分了解各主管机关职能及人员构成情况；以良好诚信的售后服务赢得顾客青睐。

4. 降低人员风险的防范

降低人员风险的防范对策有：建立完善的雇员选择标准，综合考虑技术能力和合作能力两个因素；建立合理的信息沟通及汇报制度，使创业者能充分掌握员工及企业动态；制定有效的投资力度，从长计议，加强员工内部凝聚力；不拘一格寻找最胜任工作的人选；记录并跟踪新雇员情况，熟悉各个职员素质及发展，做到人尽其才；友好对待并鼓励新雇员，使其早日适应新环境，进入工作角色。

3.3.4 非系统风险防范的可能途径

（1）降低财务风险的防范。防范降低财务风险的措施有：为了应付财务风险，领导班子要有适当分工，密切监控和防范财务风险；向专家和银行咨询，选择最佳的资金来源以及最合适的时机和方式筹措资金。

（2）降低技术风险的防范。防范降低技术风险的对策主要有：综合考虑企业自身技术能力、资金量和所需时间，选择技术获得途径；若选择引进技术，则要在引进技术前对所引进技术的先进性、经济性和适用性进行评价；加强对职工的技术培训，提高员工对高科技设备的操作熟练度，减少不必要的风险损失。

尤其需要提醒创业者的是，在技术开发的过程中应加强技术管理，建立健全技术开发和管理的内部控制制度，对科技人员实行特殊的优惠政策，保证技术资料的机密性，以防范因技术人员的离职和外调而引起核心技术流失，以致公司的利益产生极大的损失。

3.3.5 创业者风险承担能力的估计

创业企业在发展道路上不可避免地会遇到各种风险和许多不确定性因素，成功的创业者能够很好地驾驭创业的风险，正确处理各种不确定因素给企业带来的困难。那些成功的创业者们不仅把资金押在了创业上，更为重要的是他们把声誉甚至生命都押在了事业上。他们不是赌徒，他们是在有计划地冒险，在他们决定冒险时，会非常仔细而且十分完整地计算风险的大小，并且会尽一切可能让这种事情都朝着有利的方向发展。他们会让合伙人、投资者、债权人与他们一起分担财务和商务上的内在风险，这些合伙人、投资者、债权人也会很紧随其后投入资金并押上自己的声誉。原因是这些成功的创业者不仅力图避免风险,而且能够乐观、清晰地看到创业企业的未来,这使他们保持了足够的勇气。成功的创业者通过仔细地确定目标、部署战略、控制和监督企业的行动方式,并且始终按照他们预见的未来加以调整,减少面临的风险。同时,他们通过把风险转移给合伙人、投资者、债权人,从而有效地控制风险。

成功的创业者能够允许创业企业发展过程中模糊性和不确定性的存在,他们对各种不同意见始终能够泰然处之。一个创业企业在发展过程中,内外创业环境的变化常常会把模糊性和不确定性的压力带给企业的各个部分,许多具体工作也无法确定下来而且常常变动,甚至会遇到一些无法避免的挫折和一些出人意料的事。成功的创业者能够把这种压力带来的负面影响最小化,变压力为动力,促使创业企业获得最后成功。

3.3.6 大学生创业风险的规避途径

1. 创业前期的风险防范

1) 谨慎选择项目,避免盲目跟风

目前,大学生创业的项目选择多集中在高科技领域和智力服务领域,如软件开发、网络服务、家教中介、设计工作室等。此外,快餐、零售等连锁加盟店也是大学生青睐的创业项目。但是,大学生往往并不了解市场,大多是凭自己的兴趣和想象来决定投资方向。选择既有市场需求又符合自己的创业项目,这是大学生创业者必须好好掂量的。一般来说,大学生创业者既要客观地分析自身的创业条件,又要冷静地分析创业环境,立足于技术项目,尽量选择技术含量高、自主知识产权明确的项目,并在技术创新的基础上做好产品市场化工作。在选择过程中切忌盲目跟风,还要切记一点——做熟不做生,一定要选择自己最熟悉、最擅长、最有经验、资源最丰富的行业来做。

2) 合理组建团队,避免随意搭伙

在风险投资商看来,再出色的创业计划也具有可复制性,而团队的整体实力是难以复制的,因此他们在投资时,往往更看重有合作能力的创业团队,而非那些异想天开的单干者。团队对于创业是否成功至关重要,志同道合的搭档会是你事业成功的无价之宝。因此,组建创业团队时要考虑专业互补、能力互补、性格互补,要使组建的团队有战斗力,避免随意搭伙。

3) 注重实践磨炼,避免准备不足

经验不足,缺乏从职业角度整合资源、实施管理的能力,将大大影响大学生创业的成功率。要成功创业,最好先经历实践的磨炼,利用业余时间创立一些投资少、见效快、风险小的实体,培养自立自强的创业能力、适应社会的能力,通过实践增加创业体验,熟悉社会环境,提高社交能力。同时,对创业的决策要科学,要深思熟虑,做到心中有数,估计到可能的困难,回避准备不足,以克服决策的随意性。

4) 技术、经营两手抓

要想创业成功,大学生创业者必须技术、经营两手抓,制定科学规范的管理制度。可从合伙创业、家庭创业或低成本的虚拟店铺开始,锻炼创业能力,也可以聘用职业经理人负责企业的日常运作。

2. 创业中期的风险防范

1) 强化内部管理,培养骨干队伍

一个企业要想持久地保持活力,除了要有不断的创新意识、敏锐的市场观察能力外,严格的管理制度也是必不可少的,在出现问题时,都应该严格按照制度处理。创业中期是管理风险集中爆发的阶段,解决风险的重点是核心人才队伍的建设和培养。核心岗位人员配置时建议采用制衡式,这样的方式可充分发挥"相互帮助、相互协调、相互监督、责任共担"的团结协作的长处,可以增强核心岗位决策和执行之中的正确性,避免风险的发生。

2) 积极参与竞争,杜绝急功近利

没有春天播种的辛苦,哪来秋天丰收的喜悦。对于创业的思考来说也是一样,需要一个由小到大、由不成熟到成熟、由弱到强的过程。创业过程中,创业者要积极参与竞争,逆境中要坚韧,顺境中要冷静,作为一个大学生创业者,必须做好与风险和困难做斗争的思想准备。创业不是一件小事情,应该克服急躁情绪,端正心态,采取稳扎稳打、步步为营、积小胜为大胜的策略。可以说,任何浮躁和急功近利的举动,都会对创业者有害无益,甚至会前功尽弃。

3) 加强内涵建设,创建企业文化

创业中期,创业企业要适应市场变化,采用"内抓管理,外塑形象"的战略思想。要注重强化内涵建设,挖掘内部潜力,充分调动员工的主动性、积极性和创造性,用企业文化凝聚人心。同时,企业的经营需要实施正确的品牌经营战略,需要品牌来支撑企业的成长。企业品牌经营以客户为中心,以不断创新的方式,不断地以产品和服务满足客户的需求,尤其是开发客户潜在的需求,并以独到的产品和服务满足客户的这种需求,这样企业发展才有后劲。

3. 创业后期的风险防范

1) 建立激励机制,凝聚创新人才

人才是企业发展的关键,人才资本是企业的核心资本。创业过程中,创业者与员工承担着巨大的风险,需要彼此风雨同舟,共渡难关。创业成功后,创业者关注的是未来的更大回报,而员工更关注现在的既得利益。随着企业的扩大,新员工不断加入,他们更多的是一种职业选择,创业者需要考虑建立有效的激励机制来留住优秀员工。有效的激励机制既能保障老员工或合伙人的既得利益,又能真正凝聚创新人才,使企业得以稳步发展。

2)尝试权力授予,完善组织治理结构

创业过程中,创业者主要是通过集权来实施管理。创业初步成功后,创业者应该尝试授权:一是管理问题变得又多又复杂,创业者不堪重负;二是员工渴望分享权力,希望得到更多的空间与舞台来发挥自己。通过把一些日常性的、非核心的工作授权给中层管理人员,创业者就可以把自己从繁重的事务工作中解脱出来,把更多的精力集中在战略性问题的思考上。同时,创业成功后,企业为了更好地发展,必须建立一整套完善的组织治理结构来有效地执行决策,有计划地完成企业的既定目标。企业的组织结构需要根据企业的目标和发展阶段来进行调整,创业者应该尝试围绕工作本身来进行完善组织,力图通过企业组织来实现自己的管理决策和管理理念。

3)逐步合理扩张,健全约束机制

创业取得初步成功后,随着企业规模的增大和实力的增强,个人追求财富欲望的膨胀,再加上市场环境日渐规范和竞争的日趋激烈,创业者执着的个性开始显示出脱离实际的倾向,企业行为也围绕着个人的喜好而波动,从而盲目扩张,造成企业不能与自身能力、市场需求相协调,这样是极其危险的,稍不注意就可能血本无归。因此,要有计划、有步骤地逐步合理地扩张,建立相应的反馈机制与调控机制,健全各项规章制度,对权力进行必要的制衡,这样才能使创业企业稳步地成长壮大。

3.3.7 大学生抵御创业风险的措施

1. 创业准备要充分

有了创业意向,前期的工作一定要准备充分,盲目决定创业将会埋下风险隐患。通过政府政策扶持、高校创业指导,结合地方区域经济特点、社会发展需要,选择适合大学生创业者特点的项目。大学生创业者在创业初期一定要做好市场调研,也可委托专业机构进行可行性研究,在了解市场的基础上创业。在创业之前可以一方面在企业打工或者实习,积累相关的管理和营销经验,也为自己日后的创业积累人脉;另一方面,积极参加创业培训,积累创业知识,接受专业指导,为自己充电;再者,还可参加各类创业大赛,模拟创业,以提高创业的成功率。以上各种途径可以减少大学生创业的盲目性,降低创业失败的风险。

2. 资金管理要科学

资金是企业生存与发展的基础,是企业进行经营活动的血脉,没有资金,再好的创意也难以转化为现实的生产力。在获取资金前做好预算,首先得明白自己需要多少资金,如何获得资金,资金的来源渠道如何。在创业初期,大学生要开拓思路,多渠道融资,除了银行贷款、自筹资金、民间借贷等传统途径外,还可充分利用风险投资、天使投资、创业基金等融资渠道。企业创办起来后,就必须考虑是否有足够的资金维持企业的日常运转。同时,还必须建立健全资金的内部控制制度,加强企业资金的管理,确保企业资金的安全完整、正常周转和合理使用,减少和避免损失浪费。而要建立健全行之有效的内控制度,应针对企业经营活动中的各项风险,对业务流程重组,按照"职能分割,制约监督"的原则,建立业务管理、风险管理、财务管理三位一体的管理控制平台,完善事前防范、事中控制和事后监督的控制体系。

3. 创业技能要精通

创业能力是一种以智力为核心的具有较高综合性要求的能力。智力技能创业,是大学生创业的特色之路。一些风险投资家往往因为看中大学生所掌握的先进技术而愿意对其创业计划进行资助,因此,就要求创业者要有深厚的专业技术基础和较好的管理能力。身处高新科技前沿阵地的大学生,在这一领域创业有着近水楼台先得月的优势,网易、腾讯等大学生创立企业的成功,就是得益于创业者的技术优势。

4. 社会经验要丰富

良好的社交能力是创业成功的加速器。大学生思想比较单纯,涉世不深,经验缺乏,资源不足。在当今提倡合作双赢的时代,过去那种单枪匹马的创业方式已越来越不适应时代需求。平时多参加各种社会实践活动,扩大自己人际交往的范围,通过朋友掌握更多的信息、寻求更大的发展,日益成为成功创业的捷径。同时,由于很多创业者投入很大精力在产品研发上,对所处的社会、政治、政策、法律环境了解不深,对突发事件缺乏敏锐性和应变能力,对紧急事件的处理不够恰当或者失误将会直接导致创业活动的失败。所以,创立企业并不是一个孤立的生产单元,要认识到它与周围世界的联系,注意观察相关法律、政策信息,及时制定和调整企业生产策略。

5. 勇于创新

创业的过程就是不断创造与创新的过程,没有创新,企业会陷于激烈的竞争中,面临生存的考验。尤其是大学生创业,经验缺乏、资源不足是硬伤,更要以创新来弥补,一定要注意技术创新,开发具有独立知识产权的产品。例如进行产品创新、技术创新、赢利模式创新、营销方式创新,只有不断的创新才能使企业立于竞争的不败之地。

6. 心理素质要提升

创业者开始创业,须对自己有信心,相信自己能成功,能做好,否则就难以坚持下去。创业是一份极具挑战自信心的工作,只有不断相信自己,才能不断战胜不可能。如果在创业过程中，出现不自信的心理状况，创业就会打折，会受到阻碍；创业者遇到困难需要冷静，不能随意急躁，浪费创业机会。在实际的创业中，遇到难题是很正常的，如果一味放弃，将会一败涂地，因此，沉稳冷静的心态是很重要的。创业者在冷静下来之后，还要善于思考，而且要能吃苦，不怕吃苦，才能制胜。若有很强的嫉妒心理，就会心胸狭窄，做事情就不能踏实肯干；另外，多疑是不良的情绪，容易产生悲观心理，造成团队人心涣散、工作执行力和效率下降。

7. 健全企业管理制度

大学生创业者容易仅凭着一腔热情和一项技能而忽视企业管理的重要性。一个企业能够正常运行，不仅要选定好的项目、有良好的资金保证，还必须有一批高素质的企业管理者。这批管理者不能仅仅依靠书本上学过的企业管理和经营的知识，更重要的是要投身企业管理的实践。企业管理包括员工的招聘管理、营销管理、生产管理、财务管理，任何一个环节出现纰漏都可能导致企业跌入低谷甚至倒闭。一个企业要想持久地保持活力，除了要有不断的创新意识、敏锐的市场观察能力外，严格的管理制度也是必不可少的。不论合作伙伴是谁，在企业的管理制度面前都是平等的，在出现问题时都应该严格按照制度处理。

3.4 商业模式开发

3.4.1 商业模式的定义和本质

商业模式从全新的角度来考察企业，是一个正在形成和发展中的新的理论和操作体系，很多概念内容尚未定位。目前比较公认的定义是：商业模式是对企业如何通过运作来实现生存与发展的描述，是企业的动态盈利和战略组合。从商业模式的本质含义理解可以定义为：企业创造利润的逻辑或赚钱的方式。

由定义我们可以看出，商业模式的核心是价值，确切地说是企业价值。在这里我们要认识到的一点是，企业价值不仅仅是针对客户而存在，而是针对多方利益相关者，包括所有同企业本身相关的人，如员工、投资者、客户、供应商以及其他第三方对象。它是整个商业生态系统总价值的一部分。

3.4.2 商业模式和商业战略的关系

首先，从内涵的角度看，商业模式和商业战略都涉及诸多彼此相关、必须权衡取舍的重要选择，如有关价值主张、价值链等的选择。而且相关选择一经做出并付诸实施就具有较强的稳定性和持续性。商业战略与商业模式的区别在于：商业战略一般始于确定目标，而商业模式则很少涉及目标确定问题，但却非常关注作为价值获取方式的赢利模式。总体而言，商业战略的内涵要大于商业模式，而商业模式概念有自己的侧重点。

其次，从事前的角度看，商业战略是对商业模式的选择。不同的商业模式反映不同的经营逻辑战略，通过评估不同的备选商业模式来决定具体采用哪种商业模式。因此，商业模式一方面应该能够抽象出企业的核心经营理念，并确保成功的经营理念在逻辑上能讲得通；另一方面又能够为测试不同经营理念提供多种参数试验的可能性。正是从这个意义上讲，商业模式可以被视为战略工具，为企业做出适当的战略决策提供有益的支持。

再次，战略不止是商业模式选择，而且更加具有权变性。随着商业模式的实施，战略应该根据商业模式的实施情况决定是否对商业模式进行调整或者创新，以便后者更好地适应竞争需要。

最后，从事后看，商业模式反映的是企业已经付诸实施的战略，即企业在某一时点上可观察到的商业模式形态。因此，商业模式实际上是企业以往经营行为的集中表现。就此而言，商业模式往往可以被抽象为若干经营特征，既可供其他企业效仿，又能作为本企业判断是否应该进行调整或创新的依据。

3.4.3 设计商业模式的思路和方法

1. 发现行业本质

众所周知，行业的种类繁杂，发现行业的本质也非简单的事情。

1）明确行业所属以及生命周期阶段

首先，按照美国行业分类标准，将所有经济活动分成 67 个行业（industry）和 147 个子行业（sub-industry），基于此我们可以快速定位自身的企业所属哪一个行业。其次，了解行业处于哪个生命周期阶段。我们知道任何一个行业的发展将经历起步、发展、成熟和衰退阶段，我们需要明确自身行业处于哪个阶段，来设计不同的商业模式。任何阶段都有好的商业模式创新的可能存在，只是时间周期的长短不同而已，即便是处于衰退阶段也是如此。

2）透析客户的需求特征

企业处于某个商业生态系统的生态位上，该生态位的纵向展开就是我们所说的行业。横向展开就是我们说的生态位的上、下游。下游即客户，企业生态位存在的基础即为下游服务。对于企业满足了下游的什么需求，把这些需求特征罗列出来。我们在此可以再次详细了解一下客户的价值主张是什么。

3）了解行业的属性和变化规律

分析行业的属性实际上就是分析客户细分人群的特征。例如，传媒行业的特征是人群分离和打发无聊时间，不同的细分人群会出现在不同的地方，这些人什么时间段需要打发无聊时间。变化规律即人群出现的位置如何在变化,他们影响传媒受众的大小;他们的无聊时间是如何产生的,又是如何打发的。

4) 掌握行业的发展和变化

行业的发展影响因素有很多,我们可以参阅行业影响因素,但是不管如何变化,我们只要牢牢掌握好行业特征的变化规律,就不会失之毫厘,谬之千里。

2. 挖掘客户的独特价值主张

主要从 6 个方面入手,从假定客户群中,选择一个以上对象进行调查咨询。这些调查结果让你明白客户到底需要什么,采取什么样的渠道途径接触客户最有效,怎样建立良好的客户关系,以及客户为什么愿意付钱。此调查工具又称为"客户分析器"。

1) 客户在他的环境里看到了什么?
- 他处于什么样的环境?
- 他周围都是什么样的人群?
- 他每天都接触什么样的类型的产品或服务?
- 他都会遇到什么样的问题?

2) 客户都听到些什么?
- 他的朋友和配偶都在说什么?
- 谁在影响他?是如何影响的?
- 哪些媒体渠道能影响他?

3) 客户的真正想法和感觉是什么?
- 什么对他来说是最重要的?
- 什么能感动他?
- 什么能让他失眠?
- 他有何愿望?

4) 客户在说些什么和做什么?
- 他的态度是什么?
- 他会给人讲什么?
- 他说的内容与他真正的想法是否有潜在冲突?

5) 客户的痛苦是什么?
- 他最大的挫折是什么?
- 他与自己期望达成的目标之间有何障碍?
- 他害怕承担哪些风险?

6) 客户想得到什么?
- 他真正想得到的是什么?

- 他如何衡量成功?
- 他可能会采取何策略来实现目标?

以上6个方面是设计商业模式的基础,尤其是对于客户价值主张的挖掘极其重要。

3. 进行企业战略定位

定位的本质,就是取舍。把握行业的本质,就保证了企业的大方向,然后围绕这个方向展开企业的战略定位。从企业战略定位定义了解到,关于定位有三个部分需要精准。下面我们来详细探讨如何进行战略定位。

1) 客户定位

不同的行业使用的细分方法不一样,也可以是多种方法相结合。

(1) 按人口因素定位:包括年龄、性别、家庭和生命周期以及他们的收入、教育、社会阶层和宗教信仰等。例如,银行按生命周期针对单身、新婚、年轻有子、中年有子、老年有岗、老年退休六个阶段的人群制定不同的产品和服务来满足各种不同的需求;某地产开发商把居民购房市场细分为20多个子市场等。

(2) 按心理因素定位:包括生活态度、生活方式、价值观、个人习惯和个性等。例如,马来西亚人大多属于回族,其生活方式和服饰、习惯与华裔完全不同,导致其需求具有回民的独特性质。

(3) 按地理因素定位:按细分人群的工作或居住的地址位置不同进行细分。例如,上海人喜欢甜食;四川人喜欢吃辣;东北人喜欢吃咸等。还有南方多热且潮湿,北方冷且干燥。其他定位,诸如按顾客利益、产品用途和功能等进行定位。没有饱和的市场,只有饱和的产品。挖掘消费者的需求和行为差异性,就能找到客户细分定位。

2) 行业定位

找准企业在商业生态系统中所处的位置。随着现阶段经济活动的多样化,产生的行业种类也越来越多。一个企业或集团越来越难以覆盖整个商业生态系统,大多处于某一生态系统的一个子系统或者某个生态位置,最多是在某一个生态位进行纵向或者横向垄断控制。通俗来讲,你不可能赚取所有的钱。就算把国家当成一个大的经济体,在国与国之间,还是需要贸易往来的,这是经济原理和本质。

3) 产品定位

即价值定位,企业的产品或服务满足了客户什么样的需求。产品的定位决定企业将采取什么样的广告策略、营销策划。要考虑客户凭什么买你的产品或服务。许多企业产品一推出,就将这样或那样一堆的好处说出来,好像是个万能器,实际是一大忌。特别是对期望做出一定品牌知名度的企业来讲,无疑走进一个死胡同,必死无疑。铸造好的品牌,产品定位是基本前提。

在此探讨一些关于如何进行产品定位的方法。

(1) 功能定位。以产品的功能为核心,突出产品的显著性能。不管你的产品或服务的效果有多好,只选择其最好的功效。将客户的诉求集中在一个点上,只传递一种信息给顾客。例如佳洁士牙膏防蛀虫、两面针香皂止痒等。

(2) 价格定位。在产品同质化严重的时期,运用价格策略往往可以赢得竞争优势。注意,价格定位不仅仅指降低产品和服务的价格,还有高质高价、高质低价、低质低价、低质高价多种策略。例如,某地产商打出"花2万元把房子买回家"来促使工薪阶层购买楼房;汽车王牌"凯迪拉克"采取高质高价策略等。

(3) 品质定位。强调品质具有某方面特别的优势。例如,宝洁公司的 Oxydol 产品突出洗了变白;Dreft 产品为婴儿衣物用;Lvory snow 产品洗了就柔顺等。产品或服务的品质一定要真实,现在许多电视广告宣传的销售广告中许多产品或服务的品质并非所说的那样,有虚假成分误导消费者,这是不可取的。

4. 搭建业务系统

业务系统,即交易结构和交易关系。搭建好的业务系统,首先我们脑海里要有合作共赢的理念。下面从三个步骤来对商业模式的业务系统搭建进行说明。

(1) 找出所有利益相关者,包括外部和内部利益相关者。

在商业模式本质理解的定义上,我们了解到商业模式即多方利益相关者的利益分配方式和风险承担机制。利益相关者包括员工、投资者、客户、供应商、竞争者、合作方、政府、传媒、债权人以及其他第三方对象等。

(2) 梳理与各利益相关者的需求。

分别找到各利益相关者的各自需求,这里指的需求不一定是他们的主要价值需求,次要需求也是可以的。视该利益相关者的风险承担大小而定。可以是直接带来资金需求,也可以是其他资源需求,如果是他们的关键资源需求更好。

(3) 建立企业与各利益相关者之间以及各个利益相关者之间的关系。

企业不需要同所有利益相关者产生直接关系,而是要让所有利益相关者之间的利益分配和风险承担达到平衡。同研发机构可以采取投资参股、收购、众包、合作等;同供应商可以采取外包、采购等;同制造商可以采取授权、租赁、OEM、直营工厂、加盟工厂等;同销售渠道可以采取参股、加盟、合作等方式。同样各利益相关方之间也可以采取这些方式进行构建交易关系。

总之,无论是进行分解、分拆、剥离、新建还是组合,目的都是让所有利益相关者之间的利益分配和风险承担达到平衡,其平衡性是衡量商业模式运行久远与否的重要依据。

5. 寻找赢利模式

赢利模式是商业模式设计的重中之重,没有好的赢利模式,商业模式运行得再好都只是"为人民服务"。在赢利模式的定义中,我们可将赢利模式进行分类,弄清哪些方面可以作为利润来源。

我们可以通过以下几种方式找到新的赢利模式:从产品制造或提供单一服务转变到提供平台;从独立企业运作转变到多方共同参与;从实体产品销售转变到提供无形服务;从单一渠道途径转变到多元渠道途径;从单店销售转变到网络化销售;从局部细分群体转变到网络细分群体;从单独接触顾客转变到顾客联盟;从直接参与交易转变到利益相关者参与交易。

6. 资源整合

资源整合即资源的利用。如何利用相关方的彼此资源创造共同利益,是商业模式的本质所在。设计一个商业模式,需要利用的资源有很多,我们在关键资源的定义中提到过一些常见的资源。这些资源有许多往往是企业本身所不具备的,如何加以利用使其有效支撑商业模式的运行呢?

(1) 把握重要原则,即能够创造共同价值。如何创造共同的价值的方式需要将其详细的内容写入商业计划书,无论是想嫁接知名品牌,借用渠道,还是要吸收现金资本,都是如此。这点对期望融资的创业者或者企业来说非常重要。

(2) 平衡风险。任何商业模式都具有风险,风险是商业模式的组成部分,如果某一资源拥有方的风险承担过大,你利用该资源的可能性就越小。

(3) 接触并说服资源拥有方,这需要具备一定的个人演说和谈判能力。

3.4.4 商业模式创新的逻辑与方法

创新决定企业成败。在所有的创新之中,商业模式创新属于企业最本源的创新。离开商业模式,其他管理创新、技术创新都失去了可持续发展的可能和营利的基础。

同样是面临环境风险和经济挑战,有人风声鹤唳,草木皆兵;有人则在变幻莫测的风险中脱颖而出成为企业英雄。其实任何企业都能成为经济强者,只要其能分析和设计出适合自己的商业公式。

成功一定要有方法,经营一定要有思路。我们把这种系统的企业经营思路称为商业公式(或者说商业模式、赢利模式),商业公式决定企业成败。2000年互联网泡沫破裂时,原时代华纳首席技术官迈克尔·邓恩在接受美国《商业周刊》采访时反思说:"一家新兴企业,它必须首次建立一个稳固的商业公式,高技术反倒是次要的。在经营企业的过程中,商业公式比高技术更重要,因为前者是企业能够立足的先决条件。"彼得·德鲁克说:"当今企业之间的竞争,不是产品之间的竞争,而是商业模式之间的竞争。"商业公式是现代企业竞争的最高形态。

有一个通俗的比喻:一块钱在公司里转了一圈就会变成一块一,商业公式是指这一毛钱在什么地方增加的。那么,商业公式具体是什么呢?

广为接受的商业公式定义是:为了实现客户价值最大化,把能使企业运行的内外各要素整合起来,形成高效率的具有独特核心竞争力的运行系统,并通过提供产品和服务,达成持续赢利目标的组织设计的整体解决方案。其中"整合"、"高效率"、"系统"是基础条件,"核心竞争力"是手段,"客户价值最大化"是主观目的,"持续赢利"是客观结果,也是检验一个商业公式是否成功的唯一外在标准。比如迪斯尼的商业公式就是利用卡通形象的品牌力量,整合影视、图书、玩具、礼品、服装、商业地产等元素,为人们提供带来欢乐的包括公园在内的多种特色产品,通过品牌形象的多层次深入开发和利用,良性发展、持续赢利。商业公式本质是关于企业做什么、怎么做、怎么赢利的问题,实质是商业规律在经营中的具体应用。

成功的商业公式不一定是技术上的创新,也可是对企业经营某一环节的改造,或是对原有经营模式的重组、创新,甚至是对整个游戏规则的颠覆。例如,有一家传统印染企业通过嫁接互联网创造了新的商业公式。通过网站(中国秀客网)这个交流平台,全国任何一个角落的消费者可以在任何时间内把自己设计的作品(包括摄像、绘画或者涂鸦等)——比如情侣的照片提交给网站,并同时提交定金。印染厂再把这些作品印染到消费者指定的商品上,比如印到情侣装上,或者马克杯、盘碟、汽车靠垫、胸坠、打火机等种类繁多的商品上。由于客户遍及全国并且满足了个性化的需求,印染厂业务发展日新月异。其实该企业的商业公式只是将传统公式的设计、制造、销售、回笼资金流程稍微调整了一下,将设计外包给消费者,形成了消费者设计、企业收定金、制造、100%定向售出并回笼全部资金的新公式。再如,浙江万向的反向OEM公式——控股自己原来的海外销售渠道企业,顺利消除了诸多国贸障碍并形成协同竞争效应;中国台湾埔里酒厂则在濒临倒闭时选择了开发酒厂观光旅游,通过旅游观光的滚滚人潮实现了酒类产品的大规模非常规销售。所以我们说,商业公式的创新贯穿于企业经营整个过程中,贯穿于企业资源开发、研发、制造、营销、流通等各个环节。每个环节的创新都可能塑造一种崭新的、成功的商业公式。

在所有的创新之中,商业公式创新属于企业最本源的创新。离开商业公式,其他管理创新、技术创新都会失去可持续发展的可能和营利的基础。所有的成功的经济英雄都是从小企业秉持成功的商业公式一步步走过来的。沃尔玛其实是开杂货店的,可口可乐是卖汽水的,微软是卖软件的,国美是卖电器的,小肥羊是开火锅店的。这些普通的行业的成功说明什么?无论高科技、低科技,都能成功,关键是你要找出成功的商业公式,并把商业公式的赢利能力快速发挥到极致。

商业公式决定企业的现在和未来。百度的竞价排名,蒙牛的虚拟经营,以及国美、海尔、联想、李宁、娃哈哈等,每个成功的企业,都是找到了适合自己发展的独特经营思路和商业公式才发展壮大,并不断随着经营环境、竞争因素以及消费者变化来调整和升级自己的商业公式。

没有夕阳的产业,只有夕阳的企业;没有夕阳的企业,只有夕阳的思维。直面挑战,有的企业无可奈何,有的企业整合资源、缔造神话。变幻莫测的经济环境营造了英雄辈出的年代,风起云涌的世界经济引领了激情燃烧的岁月,波澜壮阔的巨人时代是挑战,更是机会。设计和实施优秀的商业公式,任何企业都可以成为拥有光明的普罗米修斯。

3.4.5 成功的商业模式特征

任何一个商业模式都是一个由客户价值、企业资源和能力、赢利方式构成的三维立体模式。

成功的商业模式具有以下三个特征。

(1) 成功的商业模式要能提供独特价值。有时候这个独特的价值可能是新的思想;而更多的时候,它往往是产品和服务独特性的组合。这种组合要么可以向客户提供额外的价值;要么使得客户能用更低的价格获得同样的利益,或者用同样的价格获得更多的利益。

(2) 商业模式是难以模仿的。企业通过确立自己的与众不同,如对客户的悉心照顾、无与伦比的实施能力等,来提高行业的进入门槛,从而保证利润来源不受影响。比如,对于直销模式(仅凭"直销"一点,还不能称其为一个商业模式)人人都知道其如何运作,也都知道戴尔公司是直销的标杆,但很难复制戴尔的模式,原因在于"直销"的背后是一整套极难复制的资源和生产流程。

(3) 成功的商业模式是脚踏实地的。企业要做到量入为出,收支平衡。这个看似不言而喻的道理,要想年复一年、日复一日地做到并不容易。现实中的很多企业,不管是传统企业还是新型企业,对于自己的钱从何处赚来,为什么客户看中自己企业的产品和服务,乃至有多少客户实际上不能为企业带来利润,反而在侵蚀企业的收入等关键问题,都不甚了解。

陈欧与他的聚美优品

从 0 到 200 万元日销售额,聚美优品只用了一年多的时间。这是陈欧看似不靠谱的第三次转型的意料之外、情理之中的结果。

午后的阳光透过聚美优品办公室的玻璃,斜洒在靠着椅背的 CEO 陈欧身上,他脸上的疲惫在阳光下一览无余。这与随处可见的聚美优品灯箱广告上与亚洲小舞王韩庚并肩而立,满面容光、眼神锐利,让不少小姑娘捂着嘴跟旁边闺蜜说"他比韩庚还帅哎"的陈欧,多少有些出入。

"每天四五个会议，一到下午人就像废了一样。"陈欧自嘲，嗓音沙哑，这是连续五六个小时不间断说话的结果。

正如一位老友对他的评价："陈欧是一个对自己特别狠的人。"正是因为对自己够狠，不知疲倦地在自己选定的路上发力狂奔，所以看着眼前这个累得有点憔悴的陈欧，不难明白聚美优品成长速度如此惊人的原因。

短短16个月时间，聚美优品就已经拥有200多万名注册用户，每天的活跃用户为40万户，每天新增用户近2万户。月销售额从不足10万元达到如今的每天200万元，8月高峰时期更是达到将近1 000万元。这样的数字令全国5 500家团购企业无不望洋兴叹。

从当初为了"活下去"而战到如今为了"理想和梦想"努力，肩负着整个聚美优品400多人以及未来更多人共同的梦想，陈欧感觉到越来越大的压力，但他并不畏惧压力的沉重："压力使我成长。"

出生于1983年的陈欧，在扮演聚美优品CEO的角色时有着超越年龄的成熟和理智。这种成熟和理智与他的家庭环境、创业经历不无关系。16岁时，陈欧便独自一人远赴新加坡，到南洋理工大学学习计算机。那时的陈欧和很多大学生一样爱玩游戏，但唯一不同的是，"我玩游戏是因为有钱、有奖金，我觉得这是挣小钱的一个渠道。"因为爱玩游戏，2005年刚毕业的时候，陈欧靠自己剩下的奖学金和一些打游戏比赛赢的奖金，在家中自己写程序、画图，创办了在线游戏平台Garena，彼时Garena的用户数量超过2 000万户，可以比肩浩方对战平台。借由这段经历，陈欧被冠以"少年天才"的名号。

但爬向顶峰的Garena只进行到一半就不得不"被迫"终止。一向强势的父母告诉陈欧，希望他能继续深造。

陈欧从小争强好胜的个性一部分就根源于希望能够通过证明自己的价值来"反抗"父母的专制。陈欧的人生目标一直很清晰，十分懂得自己想要什么，不想要什么，因此对于读博士这件"不靠谱"的事，他与父母抗争了很久。

直到又有了一次去斯坦福读书的机会，父亲态度非常强硬——"不去就断绝父子关系"，而很难拿到斯坦福的入学通知书也让陈欧有些心动。"去读书，在短期内我经济上损失会非常大，我算过。但是如果去斯坦福读书，会有更广阔的视野和更好的平台，更有助于做好自己的公司，而且能够成为斯坦福MBA最年轻的中国毕业生，这是一件很值得骄傲的事情。"想清楚之后，陈欧放下了可以证明自己的第一个事业，毅然去了美国斯坦福大学。父亲对此很高兴，觉得这是陈欧唯一做正确的一件事。

陈欧最后的选择是正确的。在美国，他看到了无数的机会。"当时在美国有一家很成功的游戏内置广告企业，在一年内就实现了年销售额2亿美元的业绩。"这让陈欧觉得很炫很酷，创业的梦想再次被激发。于是，他说服了两位志同道合的朋友刘辉、戴雨森（现均为聚美优品联合创始人）回国创业，希望把这种前沿的游戏广告模式引入国内。

"外国的月亮不一定都比中国圆"，事后陈欧如是评价回国之初的这段创业经历。国内外互联网市场的巨大差异让陈欧完全照搬美国模式的游戏广告公司水土不服,"忙了一个月,公司收入只有3 000元,其中的80%还得付给游戏公司。"

这次挫败让陈欧深刻地认识到了市场规则的力量,他开始重新审视和寻找适合国内市场需求的商业模式。电子商务和团购的大热,让陈欧嗅到了机会。陈欧与合伙人经过大量的市场观察和分析,发现国内化妆品市场体量惊人。调查数据显示,中国化妆品市场2010年的市场规模达到近1 300亿元,是全球第三大化妆品消费市场。彼时,"百团大战"狼烟四起。陈欧很快投入了这场混战,并把目光锁定在当时尚属冷门的垂直领域——化妆品的团购上。

于是在2010年3月团美网降生,这便是是聚美优品的前身,而在供应链一端的垄断优势,无疑是聚美优品成功的一大重要助力。聚美优品从第一天就是买断模式,自建仓储物流,先买货、验货,然后再进行售卖。"化妆品行业供应链很复杂,只有这样才能保证用户体验,虽然这样大大加重了资金压力,但也建立了行业门槛。"他说,公司团队也从原来的技术团队扩展到偏重采购、物流、仓库等提升用户体验的元素。

最初,聚美优品的模仿对象是Groupon,采用每日一件产品的团购,陈欧买断代理商的货物存进仓库,再以限时售卖的模式卖出,价格是专卖店的5~6折,毛利率保持在20%~30%。这种战略取得了立竿见影的效果——第一笔团购化妆棉的生意带来了10万元收入。在没有投放一笔广告的情况下,5个月后聚美优品的注册用户就超过了10万户。

用户增加的同时,聚美优品也调整了产品线,由以前的每日一件改为每日多件,几乎涵盖高、中、低档产品。目前每天推出30个左右的产品,主要由其买手团队和编辑团队推荐。而手握用户,陈欧在与上游供货商谈判时也有了筹码,其与合作商的合作模式增加到两种。一种是消费者从聚美优品下单,直接由品牌商向消费者送货;另一种则是品牌商供货给聚美优品,网站利用自己的物流配送给消费者。现在,其合作商家大约有100家,既有欧莱雅、玉兰油、相宜本草等大众品牌,也不乏兰蔻、雅诗兰黛等国际知名品牌。

第一次和投资人交流,陈欧提出聚美优品需要做到"三十天拆封退货"时,让投资人大吃一惊:"你疯了?"陈欧自己也清楚,这在商业上是很愚蠢的行为,但他看中的是背后的价值:"我希望教会消费者在网上买东西,让他们更容易信任我们。另一方面,我们已经承诺拆封都可以退了,消费者再不对自己好点,不买点化妆品尝试一下,那就说不过去了。"

事实证明,诚恳的态度在任何时候都会赢得别人的认可。看似要"赔血本"的极端做法,不但使上述这种少数"极端用户"都被感动,更是以诚恳和诚信打动了无数本身对网购化妆品没有信心的用户。如今每天2万名的新增注册用户,就是对这个结果最好的说明。

让用户获得最好的购物和服务体验一直是陈欧最大的目标。为此,他要将最容易给用户带来不良体验的仓储物流和客服环节都由自己把控,因此聚美优品也成了团购行业内唯一一家自建物流仓储和客服团队的网站。

如今得到天使投资人徐小平和红杉资本总共千万美元级别的投资之后,陈欧离自己的梦想越来越近:"我希望聚美优品能为女性的美丽做延伸,就是说可以化妆品、奢侈品、箱包,这些与女性美丽相关的东西,都会有。让每个来聚美优品的女性,都能感受到美丽和希望,变得更加强大,更有力量。"

显然,这位阳光帅气的"80后"大男孩一手缔造的化妆品帝国正在变得越来越大,越来越好!

(资料来源:http://baike.so.com/doc/5329266.html。)

问题:

1. 你认为陈欧的成功创业与其本人的性格有必然的联系吗?如果你认为有,请分析其性格中的哪些是对其成功创业有影响的,以及如何影响的;如果你认为没有,请说明理由。

2. 对于陈欧向消费者提供"三十天拆封退货"的看似疯狂的"自杀性"承诺,所有投资人都认为这是不理智的行为,而这一看似不理智的行为却并未引起投资商预想中的大批量退货的预想后果,反而取得消费者的肯定与信赖,这是为什么?他这样做打消了消费者的什么顾虑?

3. 根据上述案例,至少总结出两点聚美优品有别于其他化妆品电商的企业的独有优势。

第 4 章 创业资源

4.1 创业资源概述

创业资源是指新创企业在创造价值的过程中需要的特定的资产,包括有形与无形的资产。它是新创企业创立和运营的必要条件,主要表现形式为:创业人才、创业资本、创业机会、创业技术和创业管理等。

一个成功的创业者不仅善于选择和把握一个好的商业机会,制订一个好的创业计划,而且对创业所需的资源也有着特殊的态度、战略和技术。他不仅仅强调拥有对资源的所有权,更重要的是对资源的控制和影响。这里的资源既包括金钱方面的资源,也包括非金钱方面的资源,而且非金钱方面的资源要比人们通常想象的重要得多。为此,如何对资源进行选择,如何去获得这些创业资源,应该制定怎样的筹资战略等,是创业者十分关心的问题。

4.1.1 创业资源的作用

创业者可以用来创建新企业的资源主要有两种:财务资源、人力资源。财务资源是指企业采取现金形式或易于变现形式流通的资源;人力资源是指企业的各类人员以及他们奉献于企业的努力、知识、技能和洞察力等。另外还有一种资源被称作经营性资源,指的是人们能够工作的设施,包括建筑物、运输工具、办公设备、机器和原材料等,这类资源往往通过财务资源获得,因此可以看作是一种特殊的财务资源。创业者要获得创业的成功,就必须积极努力去获取上述这些资源。

1. 财务资源的作用

财务资源是创业者创业成功所必备的物质基础,如果没有财务资源做后盾,创业只能停留在梦想和计划的阶段,永远无法实施,创业也只是一句空话。财务资源主要分为 6 种:现金、贷款、应收账款、投资资本、在其他企业的投资以及透支工具。一个创业者将致力于获得各种不同资源以推进创业企业的发展,但是钱往往是创业者最先考虑的,因为钱是最具有流通性的资源,通过它可以很方便地获得企业所需要的其他经营性资源。

财务资源是新创企业成长的重要"营养液"。如果财务资源不足,就会导致"婴儿期"的新创企业营养不良。轻则使企业因资金不足而丧失赢利能力,重则可能导致企业因现金流枯竭而夭折。在创业实践中,我们经常看到,有些创业者守着很有发展前景的项目,却苦于财务资源不充足而只能望洋兴叹。显而易见,这类事情的发生说明,靠绝妙的商业创意打造出的新创企业有可能因为财务资源的不足半途而废,因此,创业资源的获取是一件非常重要的前期工作。

2. 人力资源的作用

人是一种特殊的资源。人力资源是新企业成功的关键要素,财务资源和经营资产资源本身并不能为企业提供竞争优势,它们必须由组成企业的人以其独特的创新方式并利用其才能为企业提供竞争优势。

创业者代表着创业的起点,是创业企业首要的最有价值的人力资源。创业者要想取得成功,必须正确地分析自己的优缺点和确定自己的技能差距。创业者能够在多大程度上为其企业做出专门贡献依赖于企业的规模、工作人员的数量和素质。

如果企业只依赖于财务资源和经营资产资源什么也得不到,这些资本必须由人来使用才能推进企业的发展。创业企业的成功,是企业人力资源运用获得的财务资本创造性工作的结果。

4.1.2 创业资源的管理

企业的创业资源主要有资金、时间、人才、市场等方面,而其管理包括这些资源的获取、分配和组织等方面的内容。

1. 资金管理

因为企业创业在内部发生,一般新业务由旧业务的收入来支撑,所以资金来源显得有保障。在这种资金获取办法下,由于新业务本身不但没有收益,反而必须投入大量的资金而导致"新业务招损",因此,可能打击旧业务员工的积极性,对企业发展不利,特别是当企业从专业化向多元化转变时更是如此。解决这个问题的办法有:对新项目使用种子支助资金,采取内部风险投资的方式或其他有偿使用资金的办法。

2. 人才分配

企业创业的另一个问题是人才支持。当项目处于种子阶段时,主要由少数几个人在运作和管理,一旦进入了孵育发展阶段,就必须有得力的人才进行规划管理,因此,这里存在一个新旧项目争夺人才的问题。为了使新旧项目的发展不受人才问题的影响,企业必须注意在发展过程中培养新的人才,稀释各部门的人才密度,给人才施加压力。

3. 工作时间分配

企业创业要面临的一个大问题就是创业者的工作时间和精力难有保障。一般来说,企业内部的创业者既要完成当前的工作,又要进行开发工作,因此,工作时间分配经常顾此失彼。为了保障员工有充足的时间来孵化创新性的想法,组织应该从制度上给他们以保证,同时调整他们的工作负担,避免对员工各方面施加过多的时间压力,允许他们长时间解决创新问题。如柯达公司的创业者可以将20%的工作时间用于完善创业设想;如果设想可行,创业者可以离开原岗位。

4. 企业创业的营销资源管理

企业创业的营销资源管理主要是指营销资源的分配和新市场的开拓。企业创业是一种以市场为导向的活动,市场对新产品的接受程度直接关系到创业成败,但开始时,新产品在市场中几乎不为人所知,因此,企业必须集中销售资源,致力于新产品的市场开拓。这里存在新旧项目营销资源竞争的问题。为了解决这个问题,企业必须加大营销投入。

4.1.3 创业资源获取的途径

创业所需的资源有两个来源,一是自有资源,二是外部资源。自有资源包括创业者自身拥有的可用于创业的自有资金,自己拥有的技术,自己所获得的创业机会信息,自建的营销网络,控制的物质资源或管理才能等,甚至在有的时候,创业者所发现的创业机会就是其所拥有的唯一创业资源。在这个问题上,我们可以从阿玛·百蒂的话中得到启示:"准创始人中绝大部分面临的最大挑战不是筹集资金,而是如何在没有资金的情况下把事情办好的智慧和干劲。"对于创业者来说,运用外部资源是一种非常重要的方法,在企业的创立和早期成长阶段尤其如此。其中的关键是具有资源的使用权并能控制或影响资源部署。外部资源包括朋友、亲戚、商务伙伴或其他投资者、投资人资金,或者包括借到的人、空间、设备或其他原材料(有时是由客户或供应商免费或廉价提供的),或通过提供未来服务、机会等换取到的。实际上,使用他们的资源有时可能十分简单,如利用社会团体或政府资助的管理帮助计划。

1. 依靠自有资源战略

其核心在于对资源进行排队和最小化处理。它是指由于缺乏资源密集度,分多个阶段投入资源并且在每个阶段或决策点投入最少的资源。因此,为了让公司坚持下去,创业者在每个阶段都会问自己,他们怎样才能用更少的资源来获得更多的利益,并把握住这个商机。另一个是所谓的 OPR 战略,即运用他人资源战略,也就是获取外部资源。对创业者而言,这是一种非常重要的方法,其关键在于具有资源的使用权并能够控制或影响资源部署。对创业者而言,如何走出利用他人资源的第一步呢？"你必须做两件看起来相悖的事情:寻找最好的顾问,如高素质的董事、律师、银行家、会计师与其他专业人士,并让他们在更早的阶段更深入地参与公司活动",同时,"加强人与人之间的接触,除了可以建立家庭、朋友、同学和顾问的人际网络外,还可以增强创业者和企业顾问之间的关系"。成功的创业者能比其他人更加系统地计划和监督人际网的活动,并采取有利于增加其网络密度和多样性的行动。

2．获取外部资源的途径

在走出利用他人资源的第一步的同时,创业者也必须了解获取外部资源的各种途径,从而为OPR战略提供方向。

1）获取创业计划的途径

前面已经指出,有望成功的创业计划对创业而言是一个重要的资源。实践表明,创业者可通过以下途径来获取商业计划：①吸引他人以商业计划作为知识产权资本,加入自己的创业团队,成为未来新创企业的一个股东；②购买他人已有的创业计划,但应注意要进行理性甄别,并借助专家力量对该计划进行完善；③构思自己的创意,委托专业机构研究、编制创业计划。

2）获取外部资金资源的途径

对于外部资金的获取,一般可通过以下四种途径获得：①依靠亲朋好友筹集资金,双方形成债权债务关系；②抵押、银行贷款或企业贷款；③争取政府某个计划的资金支持；④所有权融资,包括吸引新的拥有资金的创业同盟者加入创业团队,吸引现有企业以股东身份向新企业投资、参与创业活动,以及吸引企业孵化器或创业投资者的股权资金投入等。

3）获取起步项目所依赖的技术或人才的途径

创业企业需要项目起步所依赖的技术或人才,其获取方式有：①吸引技术持有者加入创业团队；②购买他人的成熟技术,并进行技术市场寿命分析；③购买他人的前景型技术,再通过后续的完善开发使之达到商业化要求；④同时购买技术和技术持有者。

4）获取技术、市场与政策信息的途径

一般而言,获取技术、市场及政策信息的途径主要有：政府机构、同行创业者或同行企业、专业信息机构、图书馆、大学研究机构、新闻媒体、会议及互联网等。对于这些信息的获得,创业者可以根据自己的实际情况与各种方式的特点,选择一种或多种方式,尽可能获取有效的需要的信息。

5）营销网络建设

产品要走向市场,换回用户的"货币选票",要求企业拥有可靠的营销网络。一般情况下,新创企业可通过以下途径拥有未来的营销网络:①借用他人已有的营销网络,使用公共流通渠道;②自建营销网络与借用他人营销网络相结合。扬长避短,使营销网络更适应于新创企业的要求。

4.2 创业融资

创业融资是指创业企业利用各种方式,通过各种途径从企业外部的其他组织、个人以及企业内部筹措和集中所需资金的活动。对新创企业而言,资金可以来自企业内部,也可以来自企业外部。

4.2.1 创业所需资金的测算

创业融资既有成本又有风险,并不是多多益善。创业者在融资前必须知道自己需要多少钱、什么时候需要钱。合理地估算资金需求,有利于提高融资成功率和降低融资风险。

1. 估算启动基金

新创企业的启动基金数额要视项目的种类、规模、经营地点等具体情况而定。基于大学生创业一般首选小额投资为主,下面就以小额投资项目为例测算启动资金。小额投资所需资金主要由以下几个部分组成。

(1) 项目本身的费用,即付给所选定项目的直接费用。比如学习或购买某项技术的费用、购买机器设备的费用、项目的加盟费用以及考察的差旅费用等。

(2) 经营设备、工具等购置费用,主要是指在项目经营过程中所需要的辅助设备和工具。

(3) 房租、房屋装修费用及流动资金。这部分资金要根据当地市场行情计算,房租一般至少要算入三个月的费用;如果是开餐馆,要按照当地的卫生防疫部门的规定装修;流动资金视具体情况计算。

(4) 办理营业执照及其他类似费用。个体营业执照对注册资金没有要求,只需要支付20~50元的工本费;如果申办的是有限责任公司,按照相关法律规定:有限责任公司注册资本的最低限额为3万元;此外,还有税务登记工本费、工商行政管理费以及银行开设账户管理费用等。

(5) 经营周转所需的资金。运行一个项目至少要准备三四个月的经营周转资金,因为在项目最初运行时,需要经过至少三个月的市场培育,期间盈利往往很少,甚至亏损,因此必须事先准备充足的资金。

当然,对创业启动资金通常只能大致估算,准确的数字比较难以确定,因为在经营的过程中，常常会出现一些意外情况。然而，事先尽量考虑周全，准备相对充足的启动资金，将有利于项目的正常开展。

2. 估算未来3年的资金需求

创业早期对未来三个月的成本估量，只要是为了筹集启动阶段的资金，解决短暂的资金需求。事实上，从初始净资本投入到实现盈利，往往还要经历2年到3年甚至5年的时间。其间，创业者会不断面对持续融资问题。这就需要创业者编制相应的财务报表，对企业现有资本结构、偿还能力、赢利能力及现金流状况进行把握，进而确定融资需求。具体包括：编制资产负债表已综观某一时点创业企业的财务状况；编制利润表以综观新创企业一定期间的净收益或净亏损；编制现金流量表以综观新创企业本期及以前各期现金的流入、流出和结余情况，进而评价企业当前及未来的偿付能力和支付能力，科学预测企业未来的财务状况。

4.2.2 创业融资的种类

创业融资根据不同标准可以进行多种分类，这里我们按照资金供应方是否拥有企业所有权，将创业融资类型分为债务融资和权益融资两种。

1. 债务融资

债务融资是指利用涉及利息偿付的金融工具来筹措资金的融资方式，主要包括银行贷款、民间借贷等方式。一方面，以财务债务融资方式，创业者可以在所得税前支付债务利息，从而享受避税利益；但是另一方面，由于面临定期支付利息、到期偿还本金的压力，在资金使用上可能受到债务契约限制。不过，债务融资使得创业者能够保有企业较多股份，从而在权益上获得更大回报，特别是利率低时，是一种不错的选择。

2. 权益融资

权益融资是指为了筹集资金，向其他投资者出售企业所有权的融资方式，即用所有者权益来交换资金。采用这种方式融通资金，可以避免债务融资中还本付息的硬性约束，有利于为创业项目筹措长期的固定资金。但是，权益融资会使创业者所占的企业股份比例下降，造成控制权的流失。

4.2.3 创业融资的途径

新创企业的融资存在多种途径和方式，因项目运作阶段不同，采取的渠道也不同。新创企业较为常见的融资途径主要包括：自我融资、人脉融资、内部积累、银行贷款、民间资本融资、融资租赁、政府基金扶持与政策优惠、中小企业互助基金等。

1. 自我融资

几乎所有的创业项目都是利用个人资金起步的。虽然自我融资是获取创业资金的一种途径,但不是解决融资问题的根本方法。因为创业者的个人资金总是有限的,尤其是对那些要面临漫长的产品开发周期、前期需要大量资金的新创企业来说,更是微不足道。

2. 人脉融资

家庭成员和亲朋好友不仅是创业的重要人脉资源,同时也是新创企业获取创业资金的重要渠道。但是有一点要注意,为了避免事后的利益之争,一定要在融资当时签订相关的书面协议,明确本息偿付计划及红利发放规则,构建和谐的人际关系,保障各方利益免受侵害。

3. 内部积累

内部积累的资金来源主要是企业留存的未分配利润。通过不分红或少分红的方式,将企业的经营利润尽可能多地投入到再生产当中,为持续经营或扩大经营提供必要的资金。

4. 银行贷款

银行是金融市场的中心,作为资金的蓄水池,其主要业务是向符合条件的企业提供各种类型的贷款。对于具备一定担保条件的新创企业,银行贷款是一种较为常见的融资方式。不过要注意的是,创业者在办理各种形式的贷款时切忌透支信用,因为信用是新创企业的生命线。

5. 民间资本融资

随着我国政府对民间投资的鼓励与引导,以及国民经济市场化程度的提高,民间资本正在获得越来越大的发展空间。利用民间资本可以采用控股的方式,也可以采用借贷的形式。当然,民间借贷可能随着资金需求的增大和借贷范围的扩大而变得不太安全,甚至违反国家法律规定,引发金融风险。对这一点创业者必须时刻保持高度警惕。

6. 融资租赁

融资租赁是一种新创的融资形式,也称金融租赁或资本性租赁,是以融通资金为目的的租赁。融资租赁是具有融资和融物双重职能的租赁交易,创业者可以通过融物达到融资的目的。其好处是:融资租赁灵活的付款安排使承租用户能够根据自己的资金安排来定制付款额,减少一次性固定资产投资,并享受租赁带来的税务上的好处。这种融资方式比较适合需要购买大件设备新创企业。

7. 政府基金扶持与政策优惠

中央和各级地方政府都对创业设立了专项资金扶持项目,创业者应结合自身特点,充分了解和利用好相关政策,以降低融资成本,获得更大资金支持。

8. 中小企业互助基金

中小企业积极建立互助基金,实行会员制管理。具备条件的中小企业可自愿入会,缴纳一定的贷款保证金后成为会员单位,享有相应额度的担保或贷款便利。通过建立互助基金,中小企业在承担一定保证金的情况下,可以在需要融资时,得到放大数倍的基金担保或直接贷款,从而较好地解决融资问题。

4.2.4 创业融资的选择策略

各种融资渠道都各有利弊,创业者在选择融资渠道时应重点考虑以下因素。

1. 企业发展的阶段性与获得资金的可能性

新创企业采取何种方式融资,与企业发展阶段有关。一般而言,产品从投入市场到最终退出市场要经历种子期、创业期、成长期、成熟期和衰退期五个阶段。新创企业的融资需求主要出现在前四个阶段。至于采取何种方式,需要创业者审时度势,充分考虑自身情况慎重选择。

2. 融资成本

融资成本是创业者为取得和使用资金而付出的代价,包括筹资费用和用资费用。筹资费用是筹措资金时发生的一次性支出,如贷款时向银行支付的贷款手续费、各种证明材料的制作费用等;用资费用是因使用资金而发生的费用,如债务融资中支付的利息、股权融资时向股东支付的股利等。一般来说,在各种融资渠道中,融资成本从小到大依次是:内部融资、债务融资、权益融资。

3. 资金的稳定性

尽管在一定条件下债务融资优于权益融资,但是债务利率是固定的,企业不管经营状况如何都要兑现还款约定;而对于权益融资来说,如果企业业绩不佳,权益资本投资者只能接受现实,不能提出超过企业所得要求,因为权益投资者与企业创业者是共担风险的。

4. 企业控股权

一些创业者不愿将自己创办的企业与他人共同拥有,因而会选择债务融资类型。这样创业者可以独享企业的权利与利益,但同时也要独自承担风险。

杨澜创业故事:人生需要规划

1. 第一次转型:央视节目主持人

在成为央视节目主持人以前,杨澜是北京外语学院的一名大学生,而且还是一个有些缺乏自信的女生,甚至曾因为听力课听不懂而特别沮丧。直到后来听力水平提高了,才逐渐恢复了自信。她说:"我经常觉得自己不是一个有才华和极端聪明的人。"可这一切并没有影响到杨澜后来的成功。勤勉努力的她,不仅大胆直率,看问题也通常有自己独特的视角。

1990年2月,中央电视台《正大综艺》节目在全国范围内招聘主持人。杨澜以其自然清新的风格、镇定大方的台风及出众的才气脱颖而出。但是,由于她长得不是太漂亮,在第六次试镜时还只是在"被考虑范围之列"。杨澜知道后,就反问导演:"为什么非得只找一个女主持人,是不是一出场就是给男主持人做陪衬的?其实女性也可以很有头脑,所以如果能够有这个机会的话,自己就希望做一个的聪明的主持人。""我不是很漂亮,但我很有气质。"就是因为杨澜这些话,彻底打动了导演。毕业后,杨澜正式成为《正大综艺》的节目主持人。直到现在,杨澜也一直坚持女主持人不一定非得漂亮,女人的头脑更重要。

四年央视主持人的职业生涯,不仅开阔了杨澜的眼界,更确立了她未来的发展方向——做一名真正的传媒人。

2. 第二次转型:美国留学生

1994年,当人们还惊叹于杨澜在主持方面的成就时,她又做出了一个令人惊讶的决定——辞去央视的工作,去美国留学。在事业最明亮的时候选择激流勇退,这就意味着她要放弃目前所拥有的一切,包括触手可得的美好未来。但资助她留学的正大集团总裁谢国民先生说了这样一句话:"我觉得一个节目没有一个人重要。"这给杨澜留下了很深的印象。

26岁的时候,杨澜远赴美国哥伦比亚大学,就读国际传媒专业。有一次,杨澜写论文写到凌晨两点钟,好不容易敲完了,还没来得及存盘,电脑就死机了。杨澜当时就哭了,觉得第二天肯定交不了了。宿舍周围很安静,除了自己的哭声,只有宿舍管道里的老鼠在爬来爬去。最后,她还是擦干眼泪,把论文完成了。谈起这段生活,杨澜说:"有些人遇到的苦难可能比别人多一点儿,但我遇到的困难并不比别人少,因为没有一件事是轻而易举能做好的,需要经历的磨难委屈一样儿也少不了。"

业余时间,她与上海东方电视台联合制作了《杨澜视线》——一个关于美国政治、经济、社会和文化的专题节目,这是杨澜第一次以独立的眼光看世界。她同时担当策划、制片、撰稿和主持的角色,实现了自己从最底层"垒砖头"的想法。40集的《杨澜视线》发行到国内52个省市电视台,杨澜借此实现了从一个娱乐节目主持人向复合型传媒人才的过渡。

更重要的是,在这期间,她认识了先生吴征。作为事业和生活上的伙伴,在为她拓展人际关系网络和事业空间方面,吴征可以说居功至伟。他总是鼓励杨澜尝试新的东西:宁可在尝试中失败,也不能在保守中成功!正是吴征的帮助,使得杨澜未来的道路越走越宽。

3. 第三次转型:凤凰卫视主持人

1997年回国后,杨澜开始寻找适合自己发展的机会。当时,凤凰卫视中文台刚刚成立,杨澜便加盟其中。1998年1月,《杨澜工作室》正式开播。

在凤凰卫视工作的两年中,杨澜不仅积累了各方面的经验和资本,也同时预留了未来的发展空间。

在凤凰卫视,杨澜不只是主持人,而且还是《杨澜工作室》的当家人,自己做选题,自己负责预算,对于组里所有的"柴米油盐",她都必须精打细算。这种经济上的拮据,对杨澜来说是一个非常好的锻炼,使她知道如何以最低的经费把节目尽量完善。

在随后的两年时间里,杨澜一共采访了120多位名人。这些重量级的人物也构成了杨澜未来职业发展的一部分,不少人在节目之后仍和她仍保持密切的联系。这种联系除了会给杨澜带来一些具体的帮助之外,精神上的获益也不可忽视。同时,与来自不同行业不同背景的嘉宾交流,也让她的信息量获得极大的丰富。两年后,杨澜已经有了质的变化。她拥有了世界级的知名度、多年的传媒工作经验,以及重量级的名人关系资源,对于她而言,进军商界显然所欠缺的只是资本而已。而吴征,正是深谙资本运作的高手。

4. 第四次转型:阳光卫视的当家人

1999年10月,杨澜辞去了凤凰卫视的工作。从凤凰卫视退出之后,杨澜曾一度沉寂。2000年3月,她突然之间收购了良记集团,更名为"阳光文化网络电视控股有限公司",成功地借壳上市,准备打造一个阳光文化的传媒帝国。

与大多数商人的低调不同,杨澜选择了始终站在阳光卫视的前面。在报刊杂志网站上,经常可以看到关于杨澜的报道。她从一个做传媒出来的人变成了一个传媒名人。这种对传媒资源运用的驾轻就熟,使得她的阳光卫视一面世就有了许多优势。

但杨澜创业不久,就遇到了全球经济不景气,杨澜立刻感觉到了压力。她几乎天天都想着公司的经营。由于市场竞争的压力,杨澜将公司的成本锐减了差不多一半,并逐渐剥离了亏损严重的卫星电视与香港报纸出版业务,同时她还将自己的工资减了40%。

2001年夏,杨澜作为北京申奥的"形象大使"参加了在莫斯科成功申奥的活动。同年,她的"阳光文化"接手了中国最大的门户网站——新浪网,开创了网络和电视相结合的时代,又与四通合作成立"阳光四通",开始进军网络业和IT业。

这一切都给公司所有员工带来了信心。终于,阳光文化在截至2004年3月31日的2003财政年度中取得了盈利,摆脱了近两年的亏损。之后,"阳光文化"正式更名为"阳光体育",杨澜同时宣布辞去董事局主席的职务,全身心地投入到文化电视节目的制作中。

(资源来源:杨澜.一问一世界[M].南京:江苏文艺出版社,2011.)

问题:

1. 杨澜创业的成功主要是靠积累人生各方面的经验,在困境中锤炼自己。当代社会竞争愈加激烈,作为刚刚走出校园的我们,是选择把自己扔到创业的旋涡里摸爬滚打,还是用短时间积累经验之后,对自己有规划地选择抓住机会?

2. 在创业机制还不完善的情况下,我们是应该选择成功创业的对象进行模仿,还是选择新的项目自己起步?

第 5 章 创业计划

5.1 创业计划概述

对于正在开始创业的创业者来说,创业计划书就是企业的电话通话卡片。创业计划书的好坏,往往决定了投资交易的成败。对初创的企业来说,创业计划书的作用尤为重要,一个酝酿中的项目往往很模糊,通过制订创业计划书,把正反理由都书写下来,然后再逐条推敲,这样创业者就能对这一项目有更清晰的认识。可以这样说,创业计划书首先是把计划中要创立的企业推销给了创业者自己。其次,创业计划书还能帮助把计划中的风险企业推销给风险投资家,公司创业计划书的主要目的之一就是为了筹集资金。

5.2 创业计划的作用

创业计划书必须要说明创办企业的目的,即为什么要冒风险,花精力、时间、资源、资金去创办风险企业。此外还要说明创办企业所需多少资金,为什么要这么多的钱,为什么投资人值得为此注入资金。对已建的企业来说,创业计划书可以为企业的发展定下比较具体的方向和重点,从而使员工了解企业的经营目标,并激励他们为共同的目标而努力。更重要的是,它可以使企业的出资者以及供应商、销售商等了解企业的经营状况和经营目标,说服出资者(原有的或新来的)为企业的进一步发展提供资金。

1. 能帮助创业者理清思路、凝聚人心

在使用创业计划书融资前,创业计划书首先应该是给创业者自己看的。因此,创业者应该以认真的态度对自己所有的资源、已知的市场情况和初步的竞争策略做尽可能详尽的分析,并提出一个初步的行动计划,做到心中有数。另外,创业计划书还是创业资金准备和风险分析的必要手段。

一份完美的创业计划书可以增强创业者的自信,使创业者明显感到对企业更容易控制、对经营更有把握。因为创业计划提供了企业全部的现状和未来发展的方向,也为企业提供了良好的效益评价体系和管理监控指标,使得创业者在创业实践中有章可循。

创业计划书通过描绘新创企业的发展前景和成长潜力,使管理层和员工对企业及个人的未来充满信心,并明确要从事什么项目和活动,从而使大家了解将要充当什么角色,完成什么工作,以及自己是否胜任这些工作。因此,创业计划书对于创业者吸引所需要的人力资源、凝聚人心具有重要作用。创业计划书可以创造沟通的互动平台和梦想的蓝图。对于创业来说需要一个团队,千里马需要伯乐,同时也需要志同道合的伙伴。找到一群和自己有一样理想和奋斗目标的伙伴走创业之路是一件很困难的事。而有了创业计划书就可以吸引真正的人才参与创业过程。一份创业计划书不仅能让自己的伙伴了解自己的创业思维,也可以打开后续沟通的平台,对于收到这份计划书的伙伴来说,无疑是一种对他的信任和尊重。由此可见,创业计划书是一个自己和伙伴之间进行沟通的一个非常重要沟通工具。

创业计划书对于创业者来说,是能够协助自己专注创业的工具。在计划书整个撰写的过程中,计划书的部分制式规格与项目,会不断提醒创业者针对问题来回答与收集资料,能够让天马行空的思维随着计划书蓝图的撰写,慢慢地开始集中焦点,也能够协助无法找出自己经营优势的创业者在撰写的过程中不断挖掘自己的资源。随着企业一天天成长,这份原始企业计划书还可能随着企业各个机构的发展而独立出来,变成企业未来的理念、使命、愿景、价值观,甚至成为企业扩大融资的基础。

2. 帮助创业者对外宣传、获得融资

创业者融资难的原因主要包括以下几点:缺乏融资谈判的准备和经验、没有仔细审视自身的商业模式、公司股份结构和法律结构复杂、公司创业团队背景不强导致投资人缺乏信任和信心、公司估值太高、舍不得在公司包装和融资谈判上花精力和资金而错失良机。

从企业成长经历、产品服务、市场营销、管理团队、股权结构、组织人事、财务运营到融资方案,只有内容翔实、数据丰富、体系完整、装订精致的商业计划书才能吸引投资商,让他们看懂项目商业运作的计划,才能使创业者的融资需求成为现实。融资项目要获得投资商的青睐,良好的融资策划和财务包装是融资过程中不可缺少的环节,其中最重要的是应该做好符合国际惯例的高质量的计划书。目前中国的企业在国际上融资成功率不高,不是项目本身不好,也不是项目投资回报不高,而是项目方创业计划书编写得草率与策划能力让投资商失望。创业计划书的起草与创业本身一样是一个复杂的系统工程,不但要对行业、市场进行充分的研究,而且还要有很好的文字功底。对于一个发展中企业来说,专业的创业计划书既是寻找投资的必备材料,也是企业对自身现状及未来发展战略的全面思索和重新定位的过程。

对需要借钱的创业者来说,创业计划是堆叠可创业证据与还款诚意的证明文件。借

钱的一方通常是需要背负危险的,要让人借钱给你,当然首先要提供你有还钱能力的证据。创业计划书用在借贷关系上,除了在基本资料中说明信用状况、条件资历、资金的用途之外,重点是陈述自己还款方面的规划与诚意。能够融资成功,是事业尚未行动前就受到肯定的象征。

欧源资本董事总经理王一则强调,一份好的创业计划书,必须站在投资人的角度思考,必须清楚地向投资人展现项目的内容、投资项目的意义,即向投资人介绍所在行业和市场、产品和服务、公司运营、管理团队等。创业计划书还必须就如何融资有清楚的规划,对于该项目潜在的风险及其控制也绝不能避讳。归结而言,创业计划既要尽可能地吸引投资人愿意投资,也要务实地技巧性地提及该项目所存在的风险。对于一份创业计划书来说,创新仍然是核心,只有颇具创新精神的创业计划书才可能吸引风险投资的关注。

创业计划是创业者计划创立业务的书面摘要,是创业者叩响投资者大门的"敲门砖",一份优秀的创业计划书往往会使创业者达到事半功倍的效果。它用以描述与拟创办企业相关的内外部环境条件和要素特点,为业务的发展提供指示图和衡量业务进展情况的标准。

3. 创业计划是市场营销、财务、生产、人力资源等职能计划的综合

通常来说,创业计划是市场营销、财务、生产、人力资源等职能计划的综合。

美国沃商学院创业营销教授 Leonard. M. Lodish 说:"多数情况下,一个新企业成功或失败的原因是营销而非技术。"根据企业发展的坎理论,企业发展要经历六道坎:技术坎、营销坎、管理坎、战略坎、观念坎和文化坎。一个创业企业一般是首先已经拥有了某项技术或者某种产品,然后需要建立企业把这种产品转变为现金。也就是说,一个创业企业一般在成立的时候就已经迈过了第一道坎,这个企业建立之后能不能持续经营下去,不是取决于它的技术,而是取决于它能不能成功地迈过第二道坎,即营销坎。如果这个企业能够成功地把它的技术或者产品推向市场,它就具备了持续经营的基础。只有市场营销为这个企业建立了生存的基础后才谈得上靠管理来增添效益,靠战略来扩张企业,靠文化来维系百年基业等。因此创业计划必须详细地制订市场营销的战略计划等。

财务是企业很重要的一部分,它能够帮助企业家从量化的角度来看企业的经营,让决策更有效。因此财务分析是创业计划必不可少的一部分。合理的财务规划能够帮助公司设立指导方针来制定运营和财务计划,将创业的关键目标合理化并兼顾到资本投资,把企业目标转化成财务目标。

通常来说一个企业在创业初期,已经选择了它的项目和产品,如何成功地做出项目、生产出产品,这就需要创业计划书对生产进行详尽的规划,包括产品目录、产品概念特性、产品市场竞争力、产品市场前景预测、待开发产品简介、生产场地设备、生产计划等。只有这样,才能更有效益地生产,获得更大的利润。

企业的生产活动必定离不开人,人力资源的规划是创业计划重要的一部分。它是根据企业的战略目标和外部环境的发展变化,合理地分析和预测企业对人力资源的需求和供给情况,并据此制定出相应的计划或方案,以保证企业在适当的时候获得适当数量、质量和种类的人员补充,以满足组织和个人的需求。因此创业计划应该包含合理的人力资源规划。

4. 创业计划中的战略管理可以针对风险,降低相关成本,制定相对应的竞争应对策略

战略管理是企业面对激烈变化、严峻挑战的环境,为求得长期生存和不断发展而进行的总体性谋划。它是企业战略思想的集中体现,是企业经营范围的科学规定,同时又是制定规划(计划)的基础。具体地说,经营战略是在符合和保证实现企业使命的条件下,在充分利用环境中存在的各种机会和创造新机会的基础上,确定企业同环境的关系,规定企业从事的事业范围、成长方向和竞争对策,合理地调整企业结构和分配企业的全部资源。

通过制定经营战略,对企业外部环境和内部条件的调查分析,明确企业在市场竞争中所处的地位,对于企业增强自身经营实力有了明确的方向;企业有了经营战略,就有了经营发展的总纲,发挥企业的整体效益,有利于调动职工群众的积极性;便于国家和有关部门对企业进行指导,有利于宏观经济和微观经济的有机结合和协调发展;有利于全面推进企业管理现代化。企业经营战略是关于企业在激烈的竞争中如何与竞争对手抗衡的行动方案,同时也是针对来自各方面的冲击、压力、威胁和困难,迎接这些挑战的行动方案。它与那些不考虑竞争、挑战而单纯为了改善企业现状、增加经济效益、提高管理水平等为目的的行动方案不同。只有当这些工作与强化企业竞争力量和迎接挑战直接相关、具有战略意义时,才能构成经营战略的内容。经营战略之所以产生和发展,就是因为企业面临着激烈的竞争、严峻的挑战,企业制定经营战略就是为了取得优势地位,战胜对手,保证自己的生存和发展。

5. 合理的创业计划有利于破解就业难题

随着国际分工的专业化以及经济发展的现代化,就业问题已成为各国面临的突出的社会问题,而我国的就业形势尤为严峻。据国家人力资源和社会保障部介绍,2010年高校毕业生达630万人,初高中毕业后不再继续升学的学生有600万人左右,大量的城镇下岗失业人员、军队退伍人员需要安排就业,全年需要就业的人员将达2 400万人左右,而可供选择的就业岗位只有1 200万个。显然,职业需求成为社会利益诉求的主要方面,工作岗位的创设成为经济与社会发展的重要任务。

为此,理论界积极着手于就业率、就业人数的统计分析,报刊、网络等媒体也拿出大幅版面广泛宣传创业典型,"全民创业"、"以创业带动就业"、"创业一条街"、"创业大厦"等新事物层出不穷。这种以宣传典型的"经验型"研究正成为新时期我国创业研究的主体,并

在相关学术搜索引擎中占据了数量上的优势。而这无疑带来三种效果：一是宣传了相关集体的有效做法，充分发挥示范引领作用，扩大了集体的影响力；二是提供了相关的创业经验与实施策略，增强了某些高校的就业实力，为创业教育的进一步发展提供借鉴；三是不断出现重复性的创业经验，照搬照抄其他经验，难以"创新创业"。

然而，创业的个体性不仅在于创业教育，更在于创业者主观上的自觉行动。面对日趋严峻的就业压力，无论是城镇下岗失业人员、军队退伍人员，还是高校毕业生，都应及早进行有利于自身价值实现的创业计划。通过有效的创业计划，可分析就业形势与未来走势，识别就业误区与观念不足，不断提升高校毕业生面向社会的思维品质，为就业做好准备；不断增强下岗失业人员等的就业意识，为进入就业市场打好基础；不断巩固农民工的择业观念，减少进城务工的弯路与障碍。因而，有效的创业计划必将对破解就业难题产生积极的促进作用。

5.3 创业计划的内容

5.3.1 计划摘要

计划的摘要是浓缩了的创业计划的精华，应尽量简明、生动，特别要说明自身企业的不同之处以及企业获取成功的市场因素。

计划摘要一般包括以下内容：公司介绍；管理者及其组织；主要产品和业务范围；市场概貌；营销策略；销售计划；生产管理计划；财务计划；资金需求状况等。介绍拟成立公司的自然情况，主要包括：公司名称、性质、注册地、注册资本、法人代表、资金来源及出资比例、公司成立背景、经营方针、经营理念、发展战略、公司管理机构设置、管理团队各成员的相关情况、风险分担和收益分配办法等。

5.3.2 企业介绍

这部分的目的不是描述整个计划，也不是提供另外一个概要，而是对拟创建的公司做出介绍，因而重点是该公司理念和如何制定公司的战略目标。必须描述所要进入的是什么行业，卖什么产品（或服务），谁是主要的客户，所属产业的生命周期是处于萌芽阶段、成长阶段、成熟阶段还是衰退阶段，以及企业是以独资还是合伙或公司的形态开创，打算何时开业，营业时间有多长等。

5.3.3 行业分析

在行业分析中，应该正确评价所选行业的基本特点、竞争状况以及未来的发展趋势等内容。

关于行业分析的典型问题有：
(1) 该行业发展程度如何？现在的发展动态如何？
(2) 创新和技术进步在该行业扮演着一个怎样的角色？
(3) 该行业的总销售额有多少？总收入为多少？发展趋势怎样？
(4) 价格趋向如何？
(5) 经济发展对该行业的影响程度如何？政府是如何影响该行业的？
(6) 是什么因素决定着它的发展？
(7) 竞争的本质是什么？你将采取什么样的战略？
(8) 进入该行业的障碍是什么？你将如何克服？该行业典型的回报率有多少？

5.3.4 产品(服务)介绍

产品介绍应包括以下内容：产品的概念、性能及特性，主要产品介绍，产品的市场竞争力，产品的研究和开发过程，发展新产品的计划和成本分析，产品的市场前景预测，产品的品牌和专利等。

在产品(服务)介绍部分，创业者要对产品(服务)做出详细的说明，说明要准确且通俗易懂，使非专业的投资者也能明白。一般来说，产品介绍都要附上产品原型、照片或其他介绍，尤其需要描述你的产品(服务)和服务到底是什么，有什么特色，你的产品(服务)与竞争者有什么差异，如果并不特别为什么顾客要选择你的产品(服务)。

5.3.5 人员及组织结构

在企业的生产活动中，存在着人力资源管理、技术管理、财务管理、作业管理、产品管理等，人力资源管理是其中很重要的一个环节。因为社会发展到今天，人已经成为最宝贵的资源，这是由人的主动性和创造性决定的。企业要管理好这种资源，更是要遵循科学的原则和方法。

在创业计划中，必须要对主要管理人员加以阐明，介绍他们所具有的能力，他们在本企业中的职务和责任，他们过去的详细经历及背景。此外，在这部分创业计划中，还应对公司结构做简要介绍，包括公司的组织机构图、各部门的功能与责任、各部门的负责人及主要成员、公司的报酬体系、公司的股东名单、股权比例和特权、公司的董事会成员、各位董事的背景资料。

5.3.6 市场

1. 市场细分

创业者要明白自己的产品的定位，细分市场，从不同的细分市场上寻找属于自己产品的市场,确定自己的产品要往哪些方面发展。企业根据消费者需求的不同,把整个市场划分成不同的消费者群,其客观基础是消费者需求的异质性。进行市场细分的主要依据是异质市场中需求一致的顾客群,实质就是在异质市场中求同质。市场细分的目标是为了聚合,即在需求不同的市场中把需求相同的消费者聚合到一起。这一概念的提出,对于企业的发展具有重要的促进作用。

2. 目标市场选择

企业在划分好细分市场之后,可以进入既定市场中的一个或多个细分市场。目标市场选择是指估计每个细分市场的吸引力程度,并选择进入一个或多个细分市场。

3. 市场定位

进行了目标市场的选择之后就要定位自己的市场。市场定位是企业及产品确定在目标市场上所处的位置。企业根据竞争者现有产品在市场上所处的位置,针对顾客对该类产品某些特征或属性的重视程度,为本企业产品塑造与众不同的、给人印象鲜明的形象,并将这种形象生动地传递给顾客,从而使该产品在市场上确定适当的位置。

4. 市场预测

市场预测应包括以下内容。
(1) 对需求进行预测。
(2) 市场预测及市场现状综述。
(3) 竞争厂商概览。
(4) 目标顾客和目标市场。
(5) 本企业产品的市场地位。

5.3.7 运营策略

在现代企业的经营与发展中,对市场错误的认识是企业经营失败的最主要原因之一。所以正确的营销策略在创业计划中地位是重中之重。

1. 产品策略

产品是企业的最基本的内容,做好产品是创业的根本。要发现产品的差异性,在差异性中寻找共性,从产品的质量、特性、包装等方面进行详细的计划,为以后企业的发展提供动力。其中包括对同产品有关的品种、规格、式样、质量、包装、特色、商标、品牌以及各种服务措施等可控因素的组合和运用。

2. 定价策略

主要是指企业以按照市场规律制定价格和变动价格等方式来实现其营销目标,其中包括对与定价有关的基本价格、折扣价格、津贴、付款期限、商业信用以及各种定价方法和定价技巧等可控因素的组合和运用。

3. 分销策略

企业以合理的选择分销渠道和组织商品实体流通的方式来实现其营销目标,其中包括对同分销有关的渠道覆盖面、商品流转环节、中间商、网点设置以及储存运输等可控因素的组合和运用。

4. 促销策略

企业利用各种信息传播手段刺激消费者购买欲望,促进产品销售的方式来实现其营销目标,其中包括对同促销有关的广告、人员推销、营业推广、公共关系等可控因素的组合和运用。

5.3.8 制造计划

创业计划中的生产制造计划应包括以下内容。
(1) 产品制造和技术设备现状。
(2) 新产品投产计划。
(3) 技术提升和设备更新的要求。
(4) 质量控制和质量改进计划。

5.3.9 财务规划

财务规划重点是现金流量表、资产负债表以及损益表的制备。

流动资金是企业的生命线,因此企业在初创或扩张时,对流动资金需要预先有周详的计划和进行过程中的严格控制;损益表反映的是企业的赢利状况,它是企业在一段时间运作后的经营结果;资产负债表则反映在某一时刻的企业状况,投资者可以用资产负债表中的数据得到的比率指标来衡量企业的经营状况以及可能的投资回报率。

5.3.10 竞争分析

下列三种情况下尤其要做竞争分析:①要创业或进入一个新市场时;②当一个新竞争者进入自己所经营的市场时;③随时随地做竞争分析,这样最省力。竞争分析可以从5

个方向去做:谁是最接近的五大竞争者;它们的业务如何;它们的业务与本业务相似的程度;从它们那里学到什么;如何做得比它们好。

5.3.11 风险与风险管理

风险与风险管理应包括以下内容。
(1) 公司在市场、竞争和技术方面都有哪些基本的风险?
(2) 准备怎样应付这些风险?
(3) 公司还有一些什么样的附加机会?
(4) 在既定资本基础上如何进行扩展?
(5) 在最好和最坏情形下,未来的五年计划是什么?

如果估计不那么准确,应该估计出误差范围到底有多大。如果可能的话,对关键性参数做最好和最坏的设定。在企业竞争中,风险经营与风险管理十分重要,我们必须予以重视,才能保证企业长久地立于不败之地,经久不衰。

5.3.12 成长与发展

企业下一步要如何发展,三年后如何发展,这也是创业计划书所要提及的。企业是要保证能持续经营的,所以在规划时要能够做到多元化和全球化,创业计划书是将有关创业的想法,借由白纸黑字最后落实的载体。创业计划书的质量往往会直接影响创业发起人能否找到合作伙伴、获得资金及其他政策的支持。

5.3.13 建立并维持客户关系

做好了以上方面之后就要建立客户关系了,企业要不断加强与顾客交流,不断了解顾客需求,并不断对产品及服务进行改进和提高以满足顾客的需求。其内涵是企业利用信息技术和互联网技术实现对客户的整合营销,是以客户为核心的企业营销的技术实现和管理实现。客户关系管理注重的是与客户的交流,企业的经营是以客户为中心,而不是传统的以产品或以市场为中心。为方便与客户的沟通,企业需要考虑用多种渠道与顾客进行交流。

5.4 创业计划的基本结构

5.4.1 实施概要

实施概要,也称为执行摘要或计划摘要,应该放在创业计划书的最前面,也是读者最先阅读的部分,但是这部分的写作却是最后才完成的。实施概要涵盖计划的所有要点,要求通俗易懂、简洁,以便读者能在最短的时间内评审并做出判断。

5.4.2 企业、产品或服务介绍

在介绍企业时,首先要说明创办企业的思路、企业的目标和发展战略。其次,要说明企业的基本情况,如企业的名称、法律形式、注册资本、经营场所、资本结构等内容。最后,还要介绍一下创业者自己和团队其他主要成员的背景、经历、特长等。产品或服务介绍通常包括以下内容:产品的概念、性能及特性;主要产品介绍;产品的市场竞争力;产品的研究和开发过程;发展新产品的计划和成本分析;产品的市场前景预测;产品的品牌和专利。

1. 企业介绍

(1) 创办企业的思路。
(2) 企业的发展目标。
(3) 企业发展战略。
(4) 企业名称与法律形式。
(5) 企业的注册资本、经营场所与资本结构。
(6) 创业者与团队主要成员的背景、经历与特长。

2. 产品状况

(1) 主要产品目录(分类、名称、规格、型号、价格等)。
(2) 产品特性。
(3) 正在开发、待开发产品简介。
(4) 研发计划及时间表。
(5) 知识产权策略。
(6) 无形资产(商标、知识产权、专利等)。

3. 产品生产

(1) 资源及原材料供应。
(2) 现有生产条件和生产能力。
(3) 扩建设施、要求及成本,扩建后的生产能力。
(4) 主要设备及需添置的设备。
(5) 产品标准、质检和生产成本控制。
(6) 包装与储运。

4. 产品或服务介绍

(1) 公司以往的研究与开发成果及其技术先进性(包括技术鉴定情况,获国际、国家、省、市及有关部门和机构奖励情况)。

(2) 公司参与制定产品或技术的行业标准和质量检测标准情况。

(3) 国内外研究与开发情况,以及公司在技术与产品开发方面的国内外主要的竞争对手(5家)情况,公司为提高竞争力拟采取的措施。

(4) 到目前为止,公司在技术开发方面的资金总投入是多少,计划再投入的开发资金是多少(列表说明每年购置开发设备、开发人员工资、试验检测费用以及与开发有关的其他费用)。

(5) 今后为保证产品质量、产品升级换代和保持技术先进水平,公司的开发方向、开发重点和正在开发的技术和产品等情况。

(6) 公司现有技术开发资源以及技术储备情况。

(7) 公司寻求技术开发依托(如大学、研究所等)情况,合作方式。

(8) 公司将采取怎样的激励机制和措施,来保持关键技术人员和技术队伍的稳定。

(9) 公司未来3~5年在开发资金投入和人员投入方面的计划(万元)。

5.4.3 市场预测

创业者首先要对需求进行预测:市场是否存在对这种产品或服务的需求?需求的大小能否足以给企业带来利润?需求未来的发展趋势如何?影响需求的因素有哪些?通常情况下,在创业计划书中市场预测应包括以下内容:市场现状综述,竞争厂商概览,目标顾客和目标市场,本企业产品的市场地位、市场细分和特征等。因此,创业者应尽量扩大收集信息的范围,重视对环境的预测和采用科学的预测手段和方法。

(1) 市场规模、市场结构与划分。

(2) 目标市场的设定。

(3) 产品消费群体、消费方式、消费习惯及影响市场的主要因素分析。

(4) 目前公司产品市场状况,产品所处市场发展阶段(空白、新开发、高成长、成熟、饱和),产品排名及品牌状况。

(5) 市场趋势预测和市场机会。

(6) 行业政策。

(7) 市场分析。

(8) 竞争分析。

① 有无行业垄断。

② 从市场细分看竞争者市场份额。

③ 主要竞争对手情况：公司实力、产品情况（种类、价位、特点、包装、营销、市场占有率等）。

④ 潜在竞争对手情况和市场变化分析。

⑤ 公司产品竞争优势。

（9）市场营销

① 概述营销计划（区域、方式、渠道、预估目标、份额）。

② 销售政策的制定（以往、现行、计划）。

③ 销售渠道、销售方式、行销环节和售后服务。

④ 主要业务关系状况（代理商、经销商、直销商、零售商、加盟者等），各级资格认定标准及政策（销售量、回款期限、付款方式、应收账款、货运方式、折扣政策等）。

⑤ 销售队伍情况及销售福利分配政策。

⑥ 促销和市场渗透（方式及安排、预算）。

⑦ 主要促销方式。

⑧ 广告/公关策略、媒体评估。

（10）产品价格方案

① 定价依据和价格结构。

② 影响价格变化的因素和对策。

（11）销售资料统计和销售记录方式，销售周期的计算。

（12）市场开发规划，销售目标（近期、中期），销售预估（3~5年）销售额、占有率及计算依据。

（13）投资说明。

① 资金需求说明（用量、期限）。

② 资金使用计划及进度。

③ 投资形式（贷款、利率、利率支付条件、转股－普通股/优先股/认股权、对应价格等）。

④ 资本结构。

⑤ 回报/偿还计划。

⑥ 资本原负债结构说明（每笔债务的时间、条件、抵押、利息等）。

⑦ 投资抵押（是否有抵押，抵押品价值及定价依据，定价凭证）。

⑧ 投资担保（是否有抵押，担保者财务报告）。

⑨ 吸纳投资后的股权结构。

⑩ 股权成本。

⑪ 投资者介入公司管理之程度说明。

⑫ 报告(定期向投资者提供的报告和资金支出预算)。

⑬ 杂费支付(是否支付中介人手续费)。

(14) 投资报酬与退出。

① 股票上市。

② 股权转让。

③ 股权回购。

④ 股利。

(15) 风险分析。

① 资源(原材料、供应商)风险。

② 市场不确定性风险。

③ 研发风险。

④ 生产不确定性风险。

⑤ 成本控制风险。

⑥ 竞争风险。

⑦ 政策风险。

⑧ 财务风险(应收账款、坏账)。

⑨ 管理风险(含人事、人员流动、关键雇员依赖)。

⑩ 破产风险。

(16) 管理情况。

① 公司组织结构。

② 管理制度及劳动合同。

③ 人事计划(配备、招聘、培训、考核)。

④ 薪资、福利方案。

⑤ 股权分配和认股计划。

(17) 经营预测。

增资后 3~5 年公司销售数量、销售额、毛利率、成长率、投资报酬率预估及计算依据。

5.4.4 营销策略

营销策略是创业计划的重要组成部分,它主要描述产品或服务将如何进行分销、定价和促销。营销策略的制定是计划制定中最富有挑战性的环节。制定营销策略应该考虑的因素主要有：消费者的类型和特点、相关产品或服务的种类和特性、企业自己的实际情况和外部环境因素等。人人创业网(rrcyw.com)专家认为,在创业计划书中,营销策略应包括以下内容：市场机构和营销渠道的选择、营销队伍及其管理、促销计划与策略以及价格策略等。

5.4.5 生产(经营)计划

如果新创企业属于制造业,创业计划中需要包括生产计划,即描述产品的生产过程,其中包括厂房、机器设备以及原材料和零部件的供应商的资信、实力、供货规模和交货条件等。如果企业将生产过程的某些阶段和某些零部件外包出去,应对分包商加以说明,包括其实力、声誉和合同履行情况等内容。

5.4.6 组织与管理

企业组织与管理的好坏,直接决定了企业经营风险的大小,高素质的管理人员和良好的组织结构是管理好企业的重要保证。企业的管理人员应该是互补型的,而且要具有团队精神。一个企业必须要具备负责产品设计与开发、市场营销、生产作业管理、企业理财等各方面的专门人才。因此,风险投资家会特别注重对管理队伍的评估。

5.4.7 财务计划

对于创业企业筹集到的资金,创业者打算如何支配？一般来说,财务计划需要花费较多的时间来做具体的分析,而且通常需要财务专家的帮助才能够完成。主要包括以下内容。

(1) 财务分析说明。

(2) 财务数据预测。

① 销售收入明细表。

② 成本费用明细表。

③ 薪金水平明细表。

④ 固定资产明细表。

⑤ 资产负债表。

⑥ 利润及利润分配明细表。

⑦ 现金流量表。

⑧ 财务指标分析。

a. 反映财务赢利能力的指标：财务内部收益率(FIRR)；投资回收期(Pt)；财务净现

值(FNPV);投资利润率;投资利税率;资本金利润率;不确定性分析——盈亏平衡分析、敏感性分析、概率分析。

b. 反映项目清偿能力的指标:资产负债率;流动比率;速动比率;固定资产投资借款偿还期。

5.4.8 风险评估

任何一家新创的企业都将面临一些潜在的风险。创业者有必要进行风险评估,以便及早制定有效的战略来应对。人人创业网专家表示,一般来说,创业计划书中的风险及其对策中应该包括以下内容:市场风险、技术风险、经营风险、财务风险、人力资源风险及其他不可预见的风险等,并针对所提出的各种风险逐项进行风险应对分析。具体包括以下风险。

(1) 资源(原材料、供应商)风险。

(2) 市场不确定性风险。

(3) 技术风险。

(4) 产出不确定性风险。

(5) 成本控制风险。

(6) 竞争风险。

(7) 政策风险。

(8) 财务风险(应收账款、坏账)。

(9) 管理风险(含人事、人员流动、关键雇员依赖)。

(10) 破产风险。

5.4.9 退出战略

如果新创企业准备吸引风险投资,那么在创业计划中必须说明风险资本退出的方式,因为风险投资家并不愿意长期持有企业的股份。创业投资是一种新型的金融性投资,独特的退出机制是投资活动开展的前提。创业投资机构作为创业投资的主角,如何制定、实施创业资本的投资退出战略是关系到其创业投资成败的关键所在。具体退出的方式包括股份回购、公开上市、股权协议转让。

5.4.10 附录

创业计划一般应该有附录其中包含不必在正文中列明的补充资料。通常主要包括以下内容。

1．附件

（1）营业执照影印本。
（2）董事会名单及简历。
（3）主要经营团队名单及简历。
（4）专业术语说明。
（5）专利证书、生产许可证、鉴定证书等。
（6）注册商标。
（7）企业形象设计、宣传资料（标识设计、说明书、出版物、包装说明等）。
（8）简报及报道。
（9）场地租用证明。
（10）工艺流程图。
（11）产品市场成长预测图。

2．附表

（1）主要产品目录。
（2）主要客户名单。
（3）主要供货商及经销商名单。
（4）主要设备清单。
（5）市场调查表。
（6）预估分析表。
（7）各种财务报表及财务预估表。

5.5 创业计划的信息搜索

创业者必须在创业前或在创业过程中对企业的有关信息进行仔细的分析，准确地预测市场行情，而在分析和预测市场行情前，创业者必须收集一些必要的市场信息，运用一定的搜索方法。

5.5.1 收集信息的方法

创业者要收集的市场信息的方法有两种：一种是间接方法，另一种是直接方法。

1．间接法收集市场信息

间接法收集市场信息就是收集已存在的、别人调查整理的二手信息、情报、数据或资料。这些间接的信息可以从各个渠道得到,如报纸、杂志、互联网、行业协会、研究机构、政府部门、统计机构、银行财税、咨询机构等。对创业者来说,间接法收集二手市场信息比较方便、容易、费用少、来源广、节省时间,所以在创业调查分析收集信息时往往首先采用这种方法。

对于创业者来说,可从以下几个主要间接渠道收集信息。

(1) 在互联网上,利用 Google(谷歌)、百度等搜索引擎输入你需要的信息的关键词,将会得到很多你想要的信息;此外,还有各行各业的行业信息、商(厂)家信息,从博客、网站等都可以找到各种信息。

(2) 统计部门与各级各类政府主管部门公布的有关资料。国家统计局和各地方统计局都定期发布统计公报等信息,并定期出版各类统计年鉴,内容包括全国人口总数、国民收入、居民购买力水平等,这些均是很有权威和价值的信息。这些信息都具有综合性强、辐射面广的特点。

(3) 各种经济信息中心、专业信息咨询机构、各行业协会和联合会提供的市场信息和有关行业情报。这些机构的信息系统资料齐全,信息灵敏度高,为了满足各类用户的需要,它们通常还提供资料的代购、咨询、检索和定向服务,是获取资料的重要来源。

(4) 国内外有关的书籍、报刊、杂志所提供的文献资料,包括各种统计资料、广告资料、市场行情和各种预测资料等。

(5) 有关生产和经营机构提供的商品目录、广告说明书、专利资料及商品价目表等。

(6) 各地电台、电视台提供的有关市场信息。近年来全国各地的电台和电视台为适应市场经济形势发展的需要,都相继开设了市场信息、经济博览等以传播经济、市场信息为主导的专题节目及各类广告。

(7) 各种国际组织、外国使馆、商会所提供的国际市场信息。

(8) 国内外各种博览会、展销会、交易会、订货会等促销会议以及专业性、学术性经验交流会议上所发放的文件和材料。

尽管可以便捷地收集到间接信息,但间接信息存在时效性差的缺点。间接方法收集的很多信息已经过时了,现实中正在发展变化的新情况、新问题难以得到反映,而且,间接信息针对性较差,与创业者的分析目的往往不能很好地吻合,数据对解决问题不能完全有用,有时需要做进一步的加工处理,而且有些数据的精确度会受到影响。在间接方法无法满足创业者的信息分析要求时,我们也可以考虑采用直接法收集市场信息。

2. 直接法收集市场信息

收集市场信息最直接的方法就是观察或者调查相关人员有关问题或感受,根据得到的答案或信息整理出有用的市场信息。直接法收集的主要是市场的微观市场信息;对于宏观市场信息的收集往往超出我们的能力,因此只能通过间接法收集。

通常有以下几种直接收集信息的方法。

1）问卷调查法

问卷调查法是根据调查或收集信息的目的,将需要搜集的信息分为一个个具体的问题集中在一张调查表上,根据被调查者的回答整理出能反映市场总体信息的一种调查方式。问卷调查是直接收集市场信息最常用的方法,目前在国内外被广泛采用。

问卷调查提供了标准化的统一化的数据收集程序,它使问题的表述用语和提问的程序标准化。每一个应答者看到或听到相同的文字和问题,每一个访问员问完全相同的问题,使所得到的数据具有可比性,一份好的问卷可能有助于收集到质量非常好的市场信息。

问卷调查法的优点是访问过程较直接,易于操作;所收集的数据比较可靠;数据的整理、分析和解释都比较简单。其缺点是对于涉及个人隐私、感情或信仰等方面敏感问题,被调查者可能不愿意回答,还有一些被调查者不能回答,这些可能影响数据的有效性;所问问题的措辞设计很不容易,所以要设计一份好的问卷难度较大,市场信息收集得好坏很大程度上取决于问题设计得好坏。

2）面谈访问法

面谈访问法是访问者根据收集信息的提纲直接访问被访问者,当面询问有关问题,既可以是个别面谈,主要通过口头询问;也可以是群体面谈,可通过座谈会等形式。

一般来说,个别面谈用于调查商品需求、购物习惯等;群体面谈多为请一些专家就市场价格状况和未来市场走向进行分析和判断。

面谈访问法的优点是回答率高,可通过调查人员的解释和启发来帮助被访问者完成收集信息的任务;可以根据被访问者性格特征、心理变化、对访问的态度及各种非语言信息扩大或缩小收集范围,具有较强的灵活性;可对访问的环境和访问背景进行了解。其缺点是人力物力耗费较大;要求访问人员的素质较高;对访问人员的管理较困难;此方法受到一些单位和家庭的拒绝,无法完成。

3）电话询问法

电话询问法是由工作人员通过电话向被访问者询问了解有关问题的一种方法。

电话询问的优点是取得市场信息的速度较快;节省收集费用和时间;信息的覆盖面较广;可以访问到一些不易见到面的被访问者,如某些名人等。缺点是被访问者只限于有电话的地区和个人;电话提问受到时间的限制;被访问者可能因不了解询问问题的详尽、确切的意图而无法回答或无法正确回答;对于某些专业性较强的问题无法获得所需的信息资料;无法针对被访问者的性格特点控制其情绪。

4）观察调查法

观察调查法是收集信息的工作人员凭借自己的感官和各种记录工具,深入被观察者现场,在被观察者未察觉的情况下,直接观察和记录被观察者行为,以收集市场信息的一种方法。

观察法的优点是可以实地记录市场现象的发生,能够获得直接具体的生动材料,对市场现象的实际过程和当时的环境气氛都可以了解,这是其他方法不能比拟的。观察法不要求被观察者具有配合收集工作的语言表达能力或文字表达能力,因此适用性比较强。观察法还有资料可靠性高、简便易行、灵活性强等优点。

观察法的缺点是只能观察到人的外部行为,不能说明其内在动机,观察活动受时间和空间的限制,被观察者有时难免受到一定程度的干扰而不完全处于自然状态等。总之,应用观察法须扬长避短,尽量减少观察误差。

5) 实验法

实验法是指市场调研者有目的、有意识地改变一个或几个影响因素,来观察市场现象在这些因素影响下的变动情况,以认识市场现象的本质特征和发展规律。实验调查既是一种实践过程,又是一种认识过程,并将实践与认识统一为调查研究过程。企业的经营活动中经常运用这种方法,如开展一些小规模的包装实验、价格实验、广告实验、新产品销售实验等,来测验这些措施在市场上的反映,以实现对市场总体的认识。

5.5.2 新兴的网络调研信息方法

随着互联网的普及,利用网络工具进行信息搜集已成为许多企业的重要手段,这无疑为人力、时间、精力有限的创业者提供了一个良好的机会。

网络市场调研的优势非常明显,如信息及时、客观可靠、可共享;便捷、经济(低费用);互动性(交互性)强,交流充分;效率高;答复快速,可检验、可控制性高;瞬间到达,无时空、地域限制;可定制调研。

当然也有其不足,突出表现在:它只反映了网络用户的意见,较难进行自由选择;由于上网匿名及在线注意时间较短,多重选择答案的可信度不够高。此外,E-mail 地址缺乏、人际之间情感交流的缺乏也影响其作用发挥。

1. E-mail 问卷调研法

(1) 主动问卷法。通过互联网在世界范围内征集会员,只要求回答一些关于个人职业、家庭成员组成及收入等方面的个人背景资料问题。

(2) 被动问卷法。被动问卷调研法是一种将问卷放置在 WWW 站点上,等待访问者访问时主动填写问卷的一种调研方法。

2. 网上焦点座谈法

网上焦点座谈是在同一时间随机选择 2~6 位被访问者,弹出邀请信,告知其可以进入一个特定的网络聊天室,相互讨论对某个事件、产品或服务等的看法和评价。

3. 委托市场调查机构调查

企业委托市场调查机构主要针对企业及其产品开展市场调查。调查内容通常包括：网络浏览者对企业的了解情况；网络浏览者对企业产品的款式、性能、质量、价格等的满意程度；网络浏览者对企业的售后服务的满意程度；网络浏览者对企业产品的意见和建议。

5.5.3 信息处理不当的陷阱

创业者在创业之初需要收集大量的创业及与今后创建企业的相关信息，包括国家政策法规、市场供需状况、行业信息等，处理好市场信息能帮助创业者降低创业风险，若处理不当则有可能会延误时机或错失良机，甚至做出错误决策，将企业带入失败泥潭。因此，在处理信息时要尽可能将错误极小化。

值得一提的是，创业者不要一味追求信息完整、非常准确，在收集信息时要考虑到人力、物力、财力和时间。一般来说，创业者或企业收集的信息越完整、越准确，企业决策就越正确，但往往收集完整、准确无误的信息通常要花费大量的时间和精力，当你能准确无误地做出决策时，别的企业可能已经抢占市场，因为市场变化太快。

实际上，企业的决策大多情况下是在手头现有的、能够收集到的有限信息的基础上做出的，因此创业者或企业收集信息时要充分考虑到自己的精力，尽自己的时间而为，不要为单纯获取信息而收集信息。

1. 个体创业者处理信息时遇到的偏误及解决方法

个体创业者由于容易受一些自身经验或认知方面局限，在处理信息时容易出现一些偏误。

1）直觉推断

直觉是一种非逻辑思维，其核心问题是：人在面对不确定的未来世界时总是理性的吗？他们的结论是，人在面对问题和决策时，总是倾向于以偏赅全，且囿于记忆和可利用的信息限制。在《在不确定条件下的判断：直觉推断和偏见》一文中他们指出：一般来说，人们的直觉推断是非常有用的，它大大减少了推断过程的复杂化。但是，有时直觉推断会导致严重的偏差，主要是因为生动的或非同寻常的信息比那些平淡的信息更容易被记起。创业者可将自己的决策与一些平时较理智、喜欢分析的朋友、同事、专家进行讨论，以克服直觉推断造成的决策失误。

2）乐观性偏见

乐观性偏见（optimismbias），即总会觉得自己比别人幸运。这种认知偏误往往导致创业者在预测时更多地往乐观的结果预期。即使被告知有风险存在，但大多数人总乐观地以为事态不会这么严重。面对危险时表现出的过分乐观,使得大多数创业者自信同样是创业失败、财务危机等方面发生的概率一定比其他人低。所以这种乐观偏见导致创业者决策时对风险估计不足,而更多地考虑利益。要克服"乐观性偏见",创业者可以将自己的决策与一些较悲观、喜欢挑刺的人进行探讨,听听最坏的前景预测,以纠正自己的过分乐观的想法。

3) 证实偏见

证实偏见是一种更愿意注意、处理和记忆能证实当前信念或假设的信息,而忽略那些不能证实当前信念的信息的倾向。这种认知偏见无意识地使创业者不断强化自己的信念或假设,而忽视创业中的风险。要克服"证实偏见",创业者可以找一些与自己意见相左的人士谈谈自己的决策,与持不同观点的人士讨论一番,特别注意这些人士的不同意见。

4) 控制错觉

控制错觉是指人们相信通过努力和隐忍,自己有控制周围的能力,可以控制自己的未来与命运,与理性思考得出的控制能力相比,创业者有惯性思维,认为可以完全掌控自己的创业活动,不管事实是不是如此。这样导致创业者过高估计自己的控制能力,而低估了经济环境、竞争对手和其他很多不可控因素的影响。创业者可以与周围保守人士讨论自己的决策,征求他们的意见,以纠正自己的过分冒险的错觉。

此外,还有很多的认知偏误或者思维习惯会导致创业者不能理性思考、理智做出决策,这些会加大创业风险,甚至可能导致创业失败。因此,创业者平时应该加强知识积累,特别是认知方面知识的学习,有意识地克服认知偏误,纠正惯性思维,同时拓宽信息渠道,多向有经验的前辈请教。自己要对认知偏见或惯性思维有清醒的认识,采取有效措施克服或纠正决策失误。

2. 群体创业者处理信息时遇到的偏误及解决方法

许多人选择两个或更多人共同创业,群体创业在处理信息时,容易遇到下列各种偏误或陷阱。

1) 早期偏好

早期偏好是指喜欢或容易接受早期某个解释或决策的倾向,没有认真考虑、理性思考其他解释或决策而轻易地反对或拒绝。更确切地说,决策群体更相信他们最初的解释或决策是正确的。这种早期偏好很容易使群体创业者陷入决策陷阱,造成决策失误。

要克服这种决策偏见,创业者可以邀请外行的或者新人参与讨论或决策,鼓励提出不同的决策方案,同时禁止对各种方案的任何批评。

2) 群体极化

群体极化是指在群体中进行决策时,人们往往会比个人决策时更倾向于冒险或保守,向某一个极端偏斜,从而背离最佳决策。在阐述论点、进行逻辑论战时,群体成员中原已存在的倾向性,通过群体的作用而得到加强,使一种观点或态度从原来的群体平均水平加强到具有支配性水平的现象。当群体成员最初的意见倾向于保守时,群体讨论的结果将导致意见更加保守;当最初的意见倾向于冒险时,群体讨论将导致意见更倾向于冒险。群体意见的"极端化",使群体的态度或意见倾向朝两极方向运动,使原来的不同意见之间的距离加大。

要克服决策时的群体极化现象,在提出任何决策方案前,可要求群体成员独立思考,书面列举出每个人知道的所有相关信息,并提出自己的观点和方案,然后把各种信息和观点汇集在一起讨论,并做出评价。

3) 群体思维

群体思维是指当群体成员的凝聚力很强时,群体成员为了寻求与群体一致而产生的放弃个体的信息、意见、方案或决策的思维倾向。造成群体思维的原因可能很多,但目前大多数人认为:如果群体成员个人的观点与处于控制地位的大部分群体成员的观点不一致,在群体压力下,他就可能屈从、退缩或修正自己的真实感情或信念。作为群体的一员,我们会发现,与群体保持一致,即成为群体中积极的一分子,比成为干扰力量对我们更有利,即使这种干扰对于改善群体决策效果是必须的。群体思维造成的错误决策比比皆是,那么怎样防止群体思维所带来的不良影响呢?首先,群体领导人应该努力做到公正,并培养一种公开咨询和讨论的气氛;其次,群体成员应该像支持群体计划一样,鼓励人们提出问题或批评意见;再次,应请"局外的专家们"对群体成员提出挑战,并给群体带来新的思路;最后,在达到一个共同的意见之后,群体领导人应该安排一个"第二次机会"的会议,使得群体成员能够将萦绕在心头的困惑和保留意见表达出来。

4) 信息不共享

由于群体存在早期偏好的倾向,容易形成群体思维,造成群体极化,一些群体成员由于种种顾虑而不轻易发表自己的观点或意见,从而将自己个体拥有的信息不能与群体其他成员共享。对于创业团队来说,也许会漏掉很多重要的信息,造成决策的失误,给新建的企业带来灾难性的后果。

为了防止群体成员间的信息不共享,平时在群体成员间要充分发扬民主作风,树立鼓励自由思考、鼓励反对意见、畅所欲言,对任何方案不批评的企业文化,经常采用头脑风暴法开会。

5.6 市场调查的内容和方法

一个训练有素的企业或创业者在投资一个项目前,一般都会做一个商业计划,并撰写商业计划书作为进一步行动的指导方案。"市场分析"是商业计划书的基础,商业计划书的其他分析基本都是以"市场分析"为依据的,在编制商业计划时,如果不做市场分析、市场分析不实际或不够深入,那么整个商业计划都是缺乏说服力的。

5.6.1 市场调查的内容

市场调查为市场的分析提供依据,没有市场调查提供的数据,市场分析也无法完成,即使完成,其结果也是不可信的。那么市场调查应该从哪几部分入手呢?大体来说应该分为5类。

1. 产品服务需求调查

当今世界,科技发展迅速,新发明、新创造、新技术和新产品层出不穷,日新月异。这种技术的进步自然会在商品市场上以产品的形式反映出来。通过市场调查,可以得到有助于我们及时地了解市场经济动态和科技信息的资料信息,为企业提供最新的市场情报和技术生产情报,以便更好地学习和吸取同行业的先进经验和最新技术,改进企业的生产技术,提高人员的技术水平,提高企业的管理水平,从而提高产品的质量,加速产品的更新换代,增强产品和企业的竞争力,保障企业的生存和发展。

产品服务需求调查主要是了解国内外市场需要什么产品或服务,需要多少,以及对产品或服务发展的要求。具体包括:

(1) 产品或服务现状、规格、性能和用途的调查。包括本项目拟定产品服务的规格、质量标准、性能及其优缺点。

(2) 国内市场调研。包括生产力的调查;产品产量的调查;消费情况调查。

(3) 国外市场调查。包括该产品在国家和地区分布构成;对所占比例较重的国家或地区,需要细致调查生产过程、主要企业、生产工艺技术特点、产品性能等方面,以及该产品进出口状况等。

2. 商品购买力与可供量的调查

社会商品购买力调查首先要调查消费者的收支构成及其变化、消费结构及其变化,以及收入变化所引起的需求变化和社会集团购买力。社会商品可供量调查主要是对一定时期内的供量情况进行调查。

3. 竞争者情况调查

知己知彼,百战不殆。在当今经济全球化的市场经济条件下,竞争愈演愈烈。企业欲生存发展、提高每一步决策成功的把握,采取有效的竞争战略、了解企业所在行业和市场以及参与竞争的对手,是企业经营者们必须考虑的重要课题。因此,竞争对手分析成为企业制定竞争战略中必不可少的组成部分。

竞争者情况调查主要包括:

（1）产品服务的质量和价格与竞争力较强的产品进行比较、评价。

（2）产品或服务的性能在市场竞争中所具备的优势。

（3）生产同类产品或服务企业的生产水准和经营特点，诸如这些企业的生产规模、产量、设备、技术力量等方面的特点，然后再与国外的企业进行比较。在这个过程中还要注意潜在的竞争者。

4. 本企业经营战略决策执行情况的调查

商品市场的竞争由于现代化社会大生产的发展和技术水平的进步而变得日益激烈。市场情况在不断地发生变化，而促使市场发生变化的原因，不外乎产品、价格、分销、广告、推销等市场因素和有关政治、经济、文化、地理条件等市场环境因素。这两种因素往往又是相互联系和相互影响的，而且不断地发生变化。因此，企业为适应这种变化，就只有通过广泛的市场调查，及时地了解各种市场因素和市场环境因素的变化，从而有针对性地采取措施，通过对市场因素如价格、产品结构、广告等的调整，去应对市场竞争。对于企业来说，能否及时了解市场变化情况，并适时适当地采取应变措施，是企业能否取胜的关键。了解其他企业是如何经营的过程后，只有弄明白自己的欠缺和问题出在哪里，才能使企业得到的利润更多。主要包括对企业的产品价格、销售渠道、广告的投放方式、推销产品过程、产品的外观和包装情况进行调查。

5. 政策法规情况调查

每个地区都有自己独特的文化内涵，因此，不了解当地的生存规则很可能对企业造成致命的影响。当然，充分利用当地的政策也可以为企业带来更高的效益。这部分的调查包括政府政策的变化、法律法规的实施、税收政策、银行信用情况、能源交通情况、行业的限制等，这些都对企业和产品关系重大，也是市场调查不可分割的一部分。

5.6.2 市场调查的方法

市场调查的方法可分为两大类：统计分析研究法和现场直接调查法。

统计分析研究法就是在室内对各种资料进行研究的方法，其前提是对已有的统计资料和调查资料进行系统研究和分析。一般来说，生产资料市场研究较多地采用这种方法，消费资料市场研究则以现场直接调查法为主。

现场直接调查法又可分为询问法、观察法、试验法三种。

1. 询问法

询问法主要包括当面询问、座谈会、定点街访、流动街访、深度访谈、典型调查等。

（1）当面询问。这种方法是将所拟调查事项，派出访问人员直接向被调查对象当面询问以获得所需资料的一种最常见的调查方式。这种方式具有回答率高、能深入了解情况、可以直接观察被调查者的反应等优点,集中起来就是较别的方法能得到更为真实、具体、深入的资料。但是这种方法也存在调查的成本高、调查资料受调查者的主观偏见的影响大等缺点。

(2) 座谈会。座谈会是由训练有素的主持人以非结构化的自然方式对一小群调查对象进行的访谈。主持人引导讨论,主要目的是从适当的目标市场中抽取一群人,通过听取他们谈论研究人员所感兴趣的话题来得到观点。这一方法的价值在于自由的小组讨论经常可以得到意想不到的发现,是最重要的定性研究方法。这种方法很常用,因而许多营销研究人员将这种方法视为定性研究的同义词。

(3) 定点街访。定点街访是一种综合了入户访问与街头拦截访问优点的数据采集方式,被广泛应用。首先在人流量大的繁华地带设定安静、优雅的会场,访问员在户外邀请合格的过路的行人到会场依序接受访问,也有先通过电话预约目标被访者,再将之集合到同一个会场接受访问的方法,即固定点集合访问。

(4) 流动街访。流动街访即选定繁华或者(目标)人流较大的户外场所,访问员随机地/有间隔地拦住过往行人,就地进行问卷调查。分为流动访问及定点访问两种。流动街访适合对于人群特征或目标市场相对比较清晰的项目,对于产品或服务的渗透率较低的研究项目,可以通过街访在特定的相关场合进行拦截。

(5) 深度访谈。深度访谈是一对一执行的非结构化、直接的人员访谈,非常有技巧的访问员对单个调查对象进行深入的面谈,从而挖掘关于某一主题的潜在的行为动机、信仰、态度以及感觉。深度访谈的时间长度从45分钟到1个多小时不等。例如,在百货商店顾客调查项目中,访员从一个一般性的问题开始,如"您到百货商店购物有何感受?"然后鼓励调查对象自由地谈论对百货商店的态度。问了最初的问题之后,访员采用一个非结构化的形式。下面的访谈方向由调查对象的最初回答、访谈者的深层探究以及调查对象的答案来决定。假设调查对象对最初问题的回答是"对购物不再有兴趣",然后访员就应该问"为什么对购物不再有兴趣?"如果回答不是很有启发性("乐趣已经从购物中消失了"),访员可以追问,如"以前购物为什么有兴趣?发生了什么变化?"

(6) 典型调查。典型调查是根据调查目的和要求,在对调查对象进行初步分析的基础上,有意识地选取少量具有代表性的典型单位进行深入细致的调查研究,借以认识同类事物的发展变化规律及本质的一种非全面调查。该调查方法较为细致,适用于对新情况的调研。使用典型调查法时须注意所选的对象要具有代表性,能够集中有利体现问题和情况的主要方面。典型调查具有省时省力的特点,但也有缺点——不够准确。典型调查一般用于调查样本大,而调查者又对总体情况比较了解,同时又能比较准确地选择有代表性对象的情况。

2. 观察法

观察法是指研究者根据一定的研究目的、研究提纲或观察表,用自己的感官和辅助工具去直接观察被研究对象,从而获得资料的一种方法。科学的观察具有目的性、计划性、系统性和可重复性。常见的观察方法有:核对清单法;级别量表法;记叙性描述。观察一般利用眼睛、耳朵等感觉器官去感知观察对象。由于人的感觉器官具有一定的局限性,观察者往往要借助各种现代化的仪器和手段,如照相机、录音机、显微录像机等来辅助观察。

(1) 自然观察法。自然观察法是指调查员在一个自然环境中(包括超市、展示地点、服务中心等)观察被调查对象的行为和举止。

(2) 设计观察法。设计观察法是指调查机构事先设计模拟一种场景,调查员在一个已经设计好的并接近自然的环境中观察被调查对象的行为和举止。所设置的场景越接近自然,被观察者的行为就越接近真实。

(3) 掩饰观察法。众所周知,如果被观察人知道自己被观察,其行为可能会有所不同,观察的结果也就不同,调查所获得的数据也会出现偏差。掩饰观察法就是在不为被观察人、物或者事件所知的情况下监视他们的行为过程。

(4) 机器观察法。在某些情况下,用机器观察取代人员观察是可能的甚至是所希望的。在一些特定的环境中,机器可能比人员更便宜、更精确和更容易完成工作。

(5) 函数值域观察法。通过对函数定义域、性质的观察,结合函数的解析式,求得函数的值域。

3. 试验法

向市场投放部分产品进行试销,看消费者的反应,以检验产品的品种、规格、花色款式是否对路、价格是否适中等。

5.6.3 竞争对手分析的一般方法

从总体上讲,企业做竞争对手分析,大体包括以下几个方面。

(1) 确认公司的竞争对手。广义而言,公司可将制造相同产品或同级产品的公司都视为竞争对手。

(2) 确认竞争对手的目标。竞争对手在市场里找寻什么?竞争对手行为的驱动力是什么?此外还必须考虑竞争对手在利润目标以外的目标,以及竞争对手的目标组合,并注意竞争对手用于攻击不同产品/市场细分区域的目标。

(3) 确定竞争对手的战略。公司战略与其他公司的战略越相似,公司之间的竞争越激烈。在多数行业里,竞争对手可以分成几个追求不同战略的群体。战略性群体即在某一行业里采取相同或类似战略的一群公司。确认竞争对手所属的战略群体将影响公司某些重要认识和决策。

（4）确认竞争对手的优势和弱势。这就需要收集竞争者几年内的资料。一般而言，公司可以通过二手资料、个人经历、传闻来弄清楚竞争对手的强弱，也可以进行顾客价值分析来了解这方面的信息。

（5）确定竞争对手的反应模式。了解竞争对手的目标、战略、强弱，都是为了解释其可能的竞争行动，及其对公司的产品营销、市场定位及兼并收购等战略的反应，也就是确定竞争对手的反应模式。此外，竞争对手特殊的经营哲学、内部文化、指导信念也会影响其反应模式。

5.6.4 确定竞争对手分析的四个维度

1. 决策层级维度

即由企业的哪个经营决策层确定实施竞争对手分析任务。不同层级的经营管理者所做的竞争对手分析涉及的内容应该有所区别。例如，企业产品销售代理的竞争对手分析的主要目的是在代理竞标中取胜；而销售部经理的竞争对手分析主要会涉及对手产品的价格并预测和评估其新的价格策略；事业部或战略经营单位的经理做竞争对手分析是为了该部门确立其在市场上的位置；公司的CEO可能是为了企业的兼并收购或扩张等战略目的。因此，只有确定了是哪个决策层级进行竞争对手分析之后，才能确保竞争对手分析的针对性和实用性。

2. 决策类型维度

在确定竞争对手分析的决策层级维度的同时，我们还可以将其以决策类型进行区分，如操作类型、战术类型和战略类型等三种，即决策类型维度。一般来说，高层管理者关注的是战略类型的竞争对手分析，中层职能部门经理更关心战术类型的竞争对手分析，而一线管理者则最关注操作类型的竞争对手分析。

3. 市场/顾客范围维度

做竞争对手分析时需要考虑的第三个维度是顾客和市场范围维度，即对顾客和市场做详细的定义和描述。顾客和市场范围的确定对于分析成果的使用价值至关重要。例如，一个跨国汽车制造企业对北京的顾客群及市场范围内的竞争对手进行分析与对整个中国的顾客群体及市场范围内的竞争对手做分析是不同的，在亚洲范围内乃至全球范围内的竞争对手分析更会迥然有别。

4. 时间跨度维度

竞争对手分析的时间跨度范围的确定也是该项工作的内容。对竞争对手及其行业的历史分析追溯多么久远,对其未来发展的分析达到多么长远都是需要考虑的问题。例如对海尔电器在欧洲市场竞争对手的分析,是否从20世纪初开始追溯;一家月饼生产企业是对竞争对手近几年的销售价格动态进行分析呢,还是仅对今年中秋节期间的价格走向做分析,以确定明年或今后几年的竞争策略。这些都是竞争对手分析中要首先定义的内容。

马云的创业故事

如今,"阿里巴巴"服务的商户达到240万户,马云即使在睡梦中,"阿里巴巴"每天也有100万元的收入。

2000年7月17日,马云甚至成为了中国内地第一位登上国际权威财经杂志《福布斯》封面的企业家,《福布斯》杂志的封面故事是这样描写他的:深凹的颧骨,扭曲的头发,淘气的露齿笑,一个5英尺高、100磅重的顽童模样。

马云说,看了这期《福布斯》后,才知道"自己其实有多丑"。而且据马云自己讲他还很笨。读书时,他的成绩从没进过前三名。他的理想是上北京大学,但最后他只上了杭州师范学院,还是个专科,而且考了3年。第一年高考他的数学考了1分,第二年19分。后来马云常说自己的创业经历至少可以证明:"如果我马云能够创业成功,那么我相信中国80%的年轻人都能创业成功。"

大学毕业后,马云当了6年半的英语老师。期间,他成立了杭州首家外文翻译社,用业余时间接了一些外贸单位的翻译活。钱没挣到多少,倒是闯出了一点名气。1995年,"杭州英语最棒"的马云受浙江省交通厅委托到美国催讨一笔债务。

结果是钱没要到一分,倒发现了一个"宝库"——在西雅图,对计算机一窍不通的马云第一次上了互联网。刚刚学会上网,他竟然就想到了为他的翻译社做网上广告,上午10点他把广告发送上网,中午12点前他就收到了6个E-mail,分别来自美国、德国和日本,说这是他们看到的有关中国的第一个网页。"这里有大大的生意可做!"马云当时就意识到互联网是一座金矿。

噩梦般的讨债之旅结束了,马云灰溜溜地回到了杭州,身上只剩下1美元和一个疯狂的念头。成为"阿里巴巴"马云的想法是,把中国企业的资料集中起来,快递到美国,由设计者做好网页向全世界发布,利润则来自向企业收取的费用。马云相信"时不我待,舍我其谁!"于是找了一个学自动化专业的"拍档",加上妻子,一共三人,两万元启动资金,租了间房,就开始创业了。这就是马云的第一家互联网公司——海博网络,产品叫作"中国黄页"。在早期的海外留学生中,很多人都知道,互联网上最早出现的以中国为主题的商业信息网站正是"中国黄页"。所以国外媒体称马云为中国的 mr. internet。马云的口才很好。在以后的很长时间里,在杭州街头的大排档里经常有一群人围着一个叫马云的人,听他口若悬河地推销自己的"伟大"计划。

那时候,很多人还不知互联网为何物,他们称马云为"骗子"。其实在很多没有互联网的城市,马云一律被称为"骗子"。但马云仍然像疯子一样不屈不挠,他天天都这样提醒自己:"互联网是影响人类未来生活 30 年的 3 000 米长跑,你必须跑得像兔子一样快,又要像乌龟一样耐跑。"然后出门跟人侃互联网,说服客户。业务就这样艰难地开展了起来。1996 年,马云的营业额不可思议地做到了 700 万元!也就是这一年,互联网渐渐普及了。这时马云受到了对外贸易经济合作部的注意。

1997 年,马云被邀请到北京,加盟外经贸部的一个由联合国发起的项目——EDI 中心,并参与开发外经贸部的官方站点。马云的 B2B 思路渐渐成熟:用电子商务为中小企业服务。他经研究认为,互联网上商业机构之间的业务量,比商业机构与消费者之间的业务量大得多。为什么放弃大企业而选择中小企业,马云打了个比方:"听说过捕龙虾富的,没听说过捕鲸富的。"

连网站的域名他都想好了——互联网像一个无穷的宝藏,等待人们前去发掘,就像阿里巴巴用咒语打开的那个山洞。1999 年,马云回杭州创办"阿里巴巴"网站。临行前,他对他的伙伴们说:"我要回杭州创办一家自己的公司,从零开始。愿意同去的,只有 500 元工资;愿留在北京的,可以介绍去收入很高的雅虎和新浪。"他说用 3 天时间给他们考虑,但不到 5 分钟,伙伴们一致决定:"我们回杭州去,一起去芝麻开门!"

几个月后一传十,十传百,阿里巴巴网站在商业圈中声名鹊起。然后,马云继续挥舞着他那双干柴般的大手,到世界各地演讲:"B2B 模式最终将改变全球几千万商人的生意方式,从而改变全球几十亿人的生活!"他在吸引到大量客户的同时也吸引了人才和风险投资。

蔡崇信是全球著名的风险投资公司 INVESTAB 的亚洲代表,他听说"阿里巴巴"之后立即飞赴杭州要求洽谈投资。一番推心置腹之后,蔡崇信竟然出人意料地说:"马云,那边我不干了,我要加入'阿里巴巴'!"马云吓了一跳:"不可能吧,我这儿只有 500 元人民币的月薪啊!"但两个月后,蔡崇信就任"阿里巴巴"的 CFO(首席财务官)。后来蔡崇信的妻子告诉马云:"如果我不同意他加入,他一辈子都不会原谅我。"这一事件引起华尔街一阵惊奇和震动。随后以华尔街高盛为首的多家公司毫不犹豫地向阿里巴巴投入了 500 万美金。

高盛资金到位的第二天,马云就马不停蹄地飞赴北京见一位神秘人物。见面才知,是成功投资了雅虎网站的"全球互联网投资皇帝"、日本软银公司的董事长孙正义要求见面。面谈仅6分钟,孙正义就说:"马云,我一定要投资'阿里巴巴'!而且用我自己的钱。"2000年1月,双方正式签约,孙正义投入2 000万美金。一时,阿里巴巴声名大振。有首歌唱道:"阿里巴巴是个快乐的青年!"马云也是个快乐的青年,他讲述了一个中国版的天方夜谭,造就了互联网的第四模式。

现在"阿里巴巴"被业界公认为全球最优秀的B2B网站。来自国内外的点击率和会员呈暴增之势!一个想买1 000只羽毛球拍的美国人可以在"阿里巴巴"上找到十几家中国供应商;位于中国某地和非洲加纳的用户,可以在"阿里巴巴"网站上走到一起,成交一笔只有在互联网时代才可想象的生意!

2003年,"阿里巴巴"拓展了自己的业务,进入全球商务的高端领域。如今,"阿里巴巴"服务的商户达到240万户,马云即使在睡梦中,"阿里巴巴"每天也有100万元的收入。"非典"期间,"阿里巴巴"业务量增长了五六倍。

"阿里巴巴"创造的奇迹引起了国际互联网界的关注,其发展模式与雅虎门户网站模式、亚马逊B2C模式和EBAY的C2C模式并列,被称为"互联网的第四模式",阿里巴巴打开宝库的咒语是"芝麻,开门吧!"马云的咒语是什么?只要看看"阿里巴巴"的团队就明白了。

"阿里巴巴"的管理层绝对可以算得上超精英阵容。孙正义和前世贸组织总干事萨瑟兰是它的顾问;这里聚集了来自16个国家或地区的网络精英,而且越来越多的哈佛大学、斯坦福大学、耶鲁大学的优秀人才正涌向阿里巴巴。

而尤为令人惊讶的是,创业5年,"阿里巴巴"从来没有人提出来要走,公司最初的18个创业者现在一个都不少。别的公司出3倍的工资,员工也不动心。马云还说风凉话:"同志们,3倍我看算了,如果5倍还可以考虑一下。"

对其中的奥妙,马云说得很简单:"在'阿里巴巴'工作3年就等于上了3年研究生,他将要带走的是脑袋而不是口袋。"

马云认为自己是个擅长创业但不擅长守业的人,"最多干到40岁,我会离开'阿里巴巴',去学校教MBA。如果成功了,我就去哈佛;如果失败了,我就去北大。"

马云有个理想,到60岁的时候,和现在这帮做"阿里巴巴"的老家伙们站在桥边,听到喇叭里说,"阿里巴巴"今年再度分红,股票继续往前冲,成为全球……那时候的感觉才叫真正成功。

(资料来源:孙燕君.阿里巴巴神话[M].南京:江苏文艺出版社,2008.)

问题:
1. 马云为什么从英语老师转为搞网站?
2. 说说马云的成功给我们的启示。

第 6 章 新企业的开办

6.1 成立新企业

6.1.1 企业组织形式选择

企业组织形式是指企业财产及其社会化大生产的组织状态,它表明一个企业的财产构成、内部分工协作与外部社会经济联系的方式。

1. 现代企业的组织形式

根据市场经济的要求,现代企业的组织形式按照财产的组织形式和所承担的法律责任划分。我国主要的企业组织形式有独资企业、合伙企业和公司企业。

1) 独资企业

独资企业在西方也称"单人业主制"。它是由某个人出资创办的,有很大的自由度,只要不违法,想怎么经营就怎么经营,要雇多少人,贷多少款,全由业主自己决定。

2) 合伙企业

合伙企业是由几个人、几十人,甚至几百人联合起来共同出资创办的企业。它不同于所有权和管理权分离的公司企业。它通常是依合同或协议组织起来的,结构较不稳定。

3) 公司企业

公司企业是指以营利为目的,由许多投资者共同出资组建,股东以其投资额为限对公司负责,公司以其全部财产对外承担民事责任的企业法人。

2. 企业组织形式的选择

1) 投资者应谨慎选择企业组织形式

企业组织形式是企业的法定生存形式,其给予不同投资者以最契合自身实际情况的选择。它不是投资者别无他选的唯一选项,而是国家通过具体立法精心设定的系列方案。选择适当的组织形式,有助于企业配置和利用好本企业资源,实现企业最佳的经济目标。

2) 决定企业组织形式选择的主导因素

在立法中,每种企业组织形式的设定都要针对不同的适用对象,力求使情形相异的投资者权利与义务统一,利益与风险一致,效率与公平兼顾。由此可见,不同企业组织形式间的组构成分不尽相同,甚至差异很大。那么,对于一个选定了具体企业组织形式的投资者来说,是哪些因素使他选择了这种企业组织形式而没有选择另一种企业组织形式呢?决定投资者选择具体企业组织形式的主导因素有以下几种。

(1) 投资者责任

对于企业的投资者而言,面对商业环境中各式各样的经营风险,企业组织形式在法律上的责任设计自然是其所关注的焦点。以有限责任公司和股份有限公司为例,我国现行《公司法》第三条规定,有限责任公司,股东以其出资额为限对公司承担责任,公司以其全部资产对公司的债务承担责任。股份有限公司,其全部资本分为等额股份,股东以其所持股份为限对公司承担责任,公司以其全部资产对公司的债务承担责任。前述规定明确揭示了公司股东责任有限原则,对于投资者(股东)而言,企业在经营上可能遭遇到的风险责任,止于其出资额或者所持有的股份,不及其他个人财产。此制度设计,对于投资者的风险控制具有相当的意义。相对地,根据《中华人民共和国民法通则》和《中华人民共和国合伙企业法》的规定,合伙人对于合伙企业负无限连带责任。投资者所必须承担的风险不仅及于其出资额,还包括其全部个人财产。

(2) 法律对某些产业、行业的限制

原则上企业对于组织形式有选择的自由,但对于从事某些产业的企业,法律上会给予一定的组织形式的限制。例如对于一些专门职业(律师等)被要求以合伙方式组成,其原因可能包括道德或者管理上的因素,如执业时对于客户的无限赔偿责任,基于信任的职业特点等。此外,银行、保险等金融事业,亦基于特殊的行业特质或者管制要求,法律要求必须以公司的形式进行组织。

(3) 组织正式化程度与运营成本

一个企业刚成立的时候,由于没有任何经营经验,且在创业初期所能吸引的资本有限,合伙这一组织形式在简单化、弹性化、非正式化以及成本等方面较其他组织形式有优势。合伙在处理事务时,不论是决策、沟通,较公司制度更简单、迅速。对一个规模尚不大的企业而言,合伙可能是较适合的组织形式。此外,公司形式在运营成本上也较合伙制度昂贵,向投资者筹资的渠道亦然,不像合伙只要合伙人间就相关条件谈妥即可,公司的增资扩股则涉及较为烦琐。

(4) 企业设立条件与程序

企业设立条件与程序是企业取得经商主体资格所须具备的法定条件与法定程序,它反映企业的权利义务和风险利益关系。企业设立条件与程序一般受企业投资者的责任所制约。通常情况下,如投资者承担较重的责任,则企业设立条件较为宽松,设立程序较为简单;如投资者承担较轻的责任,则企业设立条件较为严格,设立程序较为复杂。具体来说,企业的投资者如对企业债务承担无限(连带)清偿责任,则法律对企业注册资本和成员出资方式的规定较为灵活;在设立程序的规定上较为简单,基本上没有特定严格的程序;为此所需的费用相对低廉。企业成员承担有限责任的企业,其设立的条件较为严格,基本上要有最低注册资本,对成员出资方式会有一定比例的限制性规定;设立程序较为复杂,通常要求提供相应的法律文件依照一定的程序进行设立行为,费用自然就高昂。

(5) 企业治理结构

企业治理结构就是企业组成人员对企业进行管理和控制的体系,它反映企业机关的设置、运行及各个机关之间的法权关系。纵观企业治理结构的发展历史,企业历经了从物质资本单独主导下的单边治理,到物质资本与人力资本协同作用下的双边治理,再到利益相关者之间权利义务制衡的多边治理的演化过程。由此可见,随着企业人员的增多、规模的扩大、团体人格的强化,企业治理结构就从单边治理结构向双边治理结构到多边治理结构渐次演进。

(6) 企业税收负担

税收是国家为了满足一般的社会共同需要,凭借政治权力,按照法律规定的标准,向负有纳税义务的人无偿地征收货币或实物所形成的一种特殊分配关系。它是国家为了行使其职能,取得财政收入的一种方式。市场经济离不开国家的宏观调控,而税收是维持国家机器正常运转的根本物质保障。

综上所述,一个理性的投资者在选择企业组织形式时,要充分考虑投资者责任、投资者权利、投资者资本撤离、企业设立条件与程序、企业管理体制、企业税收负担等几种因素的影响,做出理性权衡和相宜抉择。如果企业资本实力较强,经营规模较大,注重风险承担,投资者可选择公司制;如果企业经营规模较小,资本实力不够,又考虑税收负担和节约管理成本,投资者可首选独资制。

6.1.2 企业注册流程

1. 注册公司的基本条件

如果是注册有限责任公司,那么办理有限责任公司注册前,应当具备注册公司的一些基本条件,包括:

(1) 股东符合法定人数(2人以上)。

(2) 股东出资达到法定资本最低限额(根据行业的不同有所不同,一般分三档:10万元、30万元、50万元);《公司法》规定,允许一个股东注册有限责任公司,又称"一人有限公司"(执照上会注明"自然人独资"),最低注册资金10万元,并且一次缴足,登记费用是注册资金的千分之八,比如注册资金10万元,则登记费是800元,最低是50元。

(3) 股东共同制定的公司章程。

(4) 有公司名称,建立符合有限责任公司要求的组织机构。

(5) 有固定的生产经营场所和必要的生产经营条件。

2. 注册公司的步骤

具备了上述条件,就可以按照下面的程序办理登记了。

(1) 首先需要向公司注册登记机关申请名称预先核准。到工商局领取一张"企业(字号)名称预先核准申请表",填入准备取的公司名称(一共5个),工商局会检索是否有重名,如无重名,即可使用并核发"企业(字号)名称预先核准通知书",费用是30元(可以检索5个名称)。

申请名称预先核准,应当提交下列文件。

① 有限责任公司的全体股东或者股份有限公司的全体发起人签署的公司名称预先核准申请书。

② 股东或者发起人的法人资格证明或者自然人的身份证明。

③ 公司登记机关要求提交的其他文件。

(2) 公司注册登记机关自收到文件后,一般在10天内做出核准或者驳回的决定。公司登记机关决定核准的,会发给《企业名称预先核准通知书》。在等待通知的同时,可以进行如下准备工作。

① 租房。租写字楼的办公室,民用房屋是不可以注册的。签订租房合同,并让房屋的产权人提供房产证复印件,再到税务局缴印花税。税率是年租金的千分之一,将印花税票贴在合同的首页。

② 编写公司章程。可以找人代写，也可以从工商局的网站下载"公司章程"样本，修改后，由所有股东签名。

③ 刻法人名章。到刻章社，刻法人名章（方型），费用15～20元。

④ 到银行开立公司验资户。携带"公司章程"、"工商局的核名通知"、"法人名章"、"身份证"到银行去开立公司账户（是验资账户，将各股东的资金存入账户），银行出具"询征函"、"股东缴款单"。

⑤ 办理验资报告。持"股东缴款单"、"询征函"、"公司章程"、"核名通知书"、"房租合同"、"房产证复印件"到会计师事务所办理验资报告。

（3）如果获得核准，接下来要准备好有关申办材料，到公司所在地工商登记部门去办理登记。这些材料一般包括：

① 申请报告。

② 全体股东指定代表或者共同委托代理人的证明（委托书）以及被委托人的工作证或身份证复印件。

③ 企业名称预先核准通知书。

④ 股东的法人资格证明（企业法人需加盖发证机关印章）或者自然人身份证明。

⑤ 公司董事长签署的企业法人设立登记申请书。

⑥ 股东会决议（全体股东盖章、签名）。

⑦ 董事会决议（全体董事签名）。

⑧ 监事会决议（全体监事签名）。

⑨ 公司章程（全体股东盖章），集团有限公司还需提交集团章程（集团成员企业盖章）。

⑩ 载明公司董事、监事、经理的姓名、住所的文件以及有关委派、选举或者聘用的证明。其中包括：任命书（国有独资）；委派书（委派单位盖章）；公司法定代表人、董事、监事、经理任职证明；法定代表人的暂住证复印件（指外省市身份证）。

⑪ 具有法定资格的验资机构出具的验资证明或国有资产管理部门出具的《国有资产产权登记表》。

⑫ 公司住所证明，租赁房屋需提交租赁协议书，协议期限必须为一年以上（附产权证复印件）。

⑬ 集团有限公司需提交成员企业加入集团决议书。

⑭ 对于法律、行政法规规定必须报经审批的项目，需提供国家有关部门的批准文件。

⑮ 国务院授权部门或者省、自治区、直辖市人民政府的批准文件。

⑯ 其他相关材料。根据实际情况,有些材料是不需要提供的,如任命书、委派书等,这是国企所需要的。但是还有些材料要根据工商部门的要求另行提供,比如公司属于饮食行业,需要卫生局的批准,可能要到卫生局去办理一些手续。

下面是可能要到的政府管理部门以及需要办理的手续。

文化局——文化经营项目许可证审批。

卫生局——食品及公共场所卫生许可证审批。

商务委员会——烟酒类专卖零售许可证、粮油资格、食品交易和农贸市场展销会的审批。

科学技术委员会——科技经营证书的核准审批。

质量技术监督局——企业、事业、机关和民办非企业代码登记。

财政局——财政政策登记、受理小企业贷款信用担保登记。

(4) 提交上述材料以后,需要等待管理部门的审核和批准,一般不会超过 15 天。等拿到了工商局的《企业法人营业执照》,公司就算正式注册成立了。

然而,事情并没有结束,根据法律的规定,还要在规定的期限内办理其他一些相关手续,比如:

① 刻制公章。凭营业执照,到公安局指定的刻章社刻公章、财务专用章。

② 办理企业组织机构代码证。凭营业执照到质量技术监督局办理组织机构代码证。

③ 开基本账号。凭营业执照、组织机构代码证,去银行开立基本账号(同时注销验资账户)。

④ 办理税务登记。领取执照后的 30 日内到当地税务局申请领取税务登记证(国税、地税),费用分别是 10 元、40 元。

⑤ 领购发票。服务性质的公司使用地税发票,销售商品的公司使用国税发票。

6.1.3 企业注册相关文件的编写

(1) 公司董事长或执行董事签署的《公司设立登记申请书》(见样例一)。

(2) 领取《企业(公司)申请登记委托书》,股东盖章或签字(自然人股东),应标明具体委托事项和被委托人的权限(见样例二)。

(3) 公司章程。以实物、工业产权、非专利技术和土地使用权出资的,应当就实物、工业产权、非专利技术和土地使用权及所有权转移的方式、期限在章程中做出明确的规定;有限责任公司章程由股东盖章或签字(自然人股东)。

(4) 股东的法人资格证明或者自然人身份证明(见样例三)。股东为企业法人的,提交营业执照副本复印件；股东为事业法人的，提交事业法人登记证复印件；股东为社团法人的，提交社团法人登记证复印件；股东是民办非企业的，提交民办非企业证书复印件；股东是自然人的，提交身份证复印件。

(5) 验资报告。

(6) 董事、监事的任职文件(见样例四)。根据公司章程的规定和程序，提交股东会决议，由股东盖章或签字(自然人股东)。

(7) 经理的任职文件(见样例五)。提交董事会的聘任决议，由董事签字。

(8) 董事长(或执行董事)的任职证明(见样例六)。根据本公司章程的规定和程序，提交股东会决议或董事会决议等。股东会决议由股东盖章或签字(自然人股东)，董事会决议由董事签字。

(9) 公司董事、监事、经理身份证复印件。

(10) 住所使用证明。自有房产提交产权证复印件；租赁房屋提交租赁协议原件或复印件以及出租方的产权证复印件。以上不能提供产权证复印件的，提交其他房屋产权使用证明复印件。

(11)《企业名称预先核准通知书》(见样例七)。

(12) 法律、行政法规规定设立有限责任公司必须报经审批的，提交有关部门的批准文件。

(13) 公司的经营范围中，属于法律、行政法规规定必须报经审批项目的，提交有关部门的批准文件，如营业执照(见样例八)。

(14) 提交相应文件。

股东是外商投资企业的，公司的经营范围属于鼓励或允许外商投资的领域的，外商投资企业股东应提交：外商投资企业关于投资一致通过的董事会决议；外商投资企业的批准证书和营业执照复印件；法定验资机构出具的注册资本已经缴足的验资报告；外商投资企业经审计的资产负债表；外商投资企业缴纳所得税或减免所得税的证明；法律、行政法规及规章规定的其他材料。

股东是外商投资企业的，公司的经营范围属于限制外商投资的领域的，除外商投资企业股东应提交上述规定提交的材料外，公司还应提交省级以上外经贸主管部门的批准文件。

以上各项未注明提交复印件的一般均应提交原件；提交复印件的均需持原件到登记部门核对，不能提交原件的(身份证、计生证、许可证等除外)，由原件持有方核对复印件并加盖公章或签名并署明与原件一致。

样例一：

公司设立登记申请书

名称			
名称预先核准通知书文号		联系电话	
住所		邮政编码	
法定代表人姓名		职务	
注册资本	（万元）	公司类型	
实收资本	（万元）	设立方式	
经营范围	许可经营项目： 一般经营项目：		
营业期限	长期／　　年	申请副本数量	个
本公司依照《公司法》、《公司登记管理条例》设立，提交材料真实有效。谨此对真实性承担责任。 　　　　　　法定代表人签字： 　　　　　　　　年　　月　　日			

注：1. 手工填写表格和签字请使用黑色或蓝黑色钢笔、毛笔或签字笔，请勿使用圆珠笔。
2. 公司类型应当填写"有限责任公司"或"股份有限公司"。其中，国有独资公司应当填写"有限责任公司(国有独资)"；一人有限责任公司应当注明"有限责任公司(自然人独资)"或"有限责任公司(法人独资)"。
3. 股份有限公司应在"设立方式"栏选择填写"发起设立"或者"募集设立"。
4. 营业期限：请选择"长期"或者"××年"。

样例二：

企业（公司）申请登记委托书

委托人：
被委托人：
委托事项：
被委托人更正有关材料的权限：
1. 同意□不同意□修改任何材料；
2. 同意□不同意□修改企业自备文件的文字错误；
3. 同意□不同意□修改有关表格的填写错误；
4. 其他有权更正的事项：

委托有效期限，自　　年　　月　　日至　　年　　月　　日
被委托人身份证（复印件）

　　　　　　　　　　　　　　　　　　　　　年　　月　　日
　　　　　　　　　　　　　　　　　　　（委托人盖章或签字）

注：
1. 委托人盖章或签字：有限公司、非公司企业设立登记由股东、出资人盖章、签字（自然人股东）；股份有限公司设立登记由全体董事签字；公司、非公司企业变更、注销登记由本企业盖章。
2. 被委托人更正有关材料的权限：1、2、3项选择"同意"或"不同意"并在□中打√；第4项按授权内容自行填写。

样例三：

公司股东(发起人)名录

股东(发起人)名称或姓名	证件名称及号码	出资额（万元）	出资方式	百分比(%)	备注	…	

注：
1. "备注"栏填写下述字母：A.企业法人；B.社会团体法人；C.事业法人；D.国家授权投资的机构或部门；E.自然人；F.其他。
2. 出资方式填写：货币、非货币。
3. 本表不够填时,可复印续填,粘贴于后。

公司法人股东情况

营业执照副本复印件粘贴处

注：本表不够填时,可复印续填,粘贴于后。

公司自然人股东情况

姓 名	姓 名
身份证复印件粘贴处:	身份证复印件粘贴处:
姓 名	姓 名
身份证复印件粘贴处:	身份证复印件粘贴处:

注:本表不够填时,可复印续填,粘贴于后。

公司董事会成员、监事会成员、经理情况

姓 名 职 务	姓 名 职 务
身份证复印件粘贴处:	身份证复印件粘贴处:
姓 名 职 务	姓 名 职 务
身份证复印件粘贴处:	身份证复印件粘贴处:

注:本表不够填时,可复印续填,粘贴于后。

样例四：

董事任职证明书

兹证明：

等共　　人，经股东会选举（委派）为

　　　　　　　　公司的董事，任期　　年。

股东签名(盖章)：
年　月　日

注：
1. 股东为法人的，应盖章；股东为自然人的，应签字。
2. 董事每届任期不超过三年。

监事任职证明书

兹证明：

等共　　人，经股东会选举（委派）为

　　　　　　　公司的监事，任期　　年。

　　　　　　　　　　　　　　　　　　股东签名（盖章）：
　　　　　　　　　　　　　　　　　　　　年　　月　　日

注：
1. 股东为法人的，应盖章；股东为自然人的，应签字。
2. 监事每届任期三年；监事不得兼任董事、经理及财务负责人。

样例五：

经理任职文件

```
×××公司文件
××号文件                    领导签字：××
关于×××任职的决定


       根据工作需要,经公司股东会(董事会)研究同意,决定任命×××为公司经理,任期×年。



特此决定
                               时间××××年××月××日

主题：任职
抄报：公司领导×××
发至：×××××/×××
承办部门：×××公司人事部
```

样例六：

董事长或执行董事的任职证明书

```
兹证明：            是依            公司
章程规定的程序,被任命(选举)为董事长(执行董事),任期    年。




                              全体董事签名
                              (股东盖章、签字)：

                                  年  月  日
```

注：
1. 如公司设董事会的,董事长由董事会选举产生,则全体董事在本表上签字。
2. 如公司不设董事会的,执行董事由股东协商产生；股东为法人的,应盖章；股东为自然人的,应签字。

样例七：

企业名称预先核准申请书

申请企业名称	
备选企业名称 （请选用不同的字号）	1. 2. 3.
经营范围	许可经营项目： 一般经营项目： （只需填写与企业名称行业表述一致的主要业务项目）
注册资本(金)	（万元）
企业类型	
住所所在地	
指定代表或者委托代理人	

指定代表或委托代理人的权限：
1. 同意□不同意□核对登记材料中的复印件并签署核对意见；
2. 同意□不同意□修改有关表格的填写错误；
3. 同意□不同意□领取《企业名称预先核准通知书》。

指定或者委托的有效期限	自　　年　　月　　日至　　年　　月　　日

注：

1. 手工填写表格和签字请使用黑色或蓝黑色钢笔、毛笔或签字笔，请勿使用圆珠笔。

2. 指定代表或者委托代理人的权限需选择"同意"或者"不同意"，请在□中打√。

3. 指定代表或者委托代理人可以是自然人，也可以是其他组织；指定代表或者委托代理人是其他组织的，应当另行提交其他组织证书复印件及其指派具体经办人的文件、具体经办人的身份证件。

样例八：

核发《营业执照》及归档情况

执照注册号			核准日期		
执照副本数			副本编号		
打照日期			打照人		
出照日期			出照人		
领照人	签字		发照人	签字	
	日期			日期	
	电话			备注	
	身份证号				
缴纳登记费			缴纳副本费		
发票号码					
归档日期			归档人		
归档情况					

注："领照人"为企业法定代表人、负责人或其授权人。

6.1.4　注册企业必须考虑的伦理与法律问题

案例：A、B、C三人都在诺基亚公司从事研发工作，他们共同开发了一个面向大学生消费者的便携式设备。该设备与Palm Pilot相似，但又有针对学生的特殊功能，比如下载PPT文件，能直接把课堂演讲转化成文字的声音识别系统，无线上网功能，可供学生之间相互发送电子邮件和短消息。三人都迫切希望辞去现在的工作开始创业，已经想好了新企业的名称，并且设计出了商标图案。

他们找到了律师做法律咨询，你觉得律师会为他们提出哪些法律方面的建议？

1. 创建新企业需要考虑的伦理问题

（1）公司机会原则：关键雇员（如高级职员、董事和经理）和技术型雇员（如软件工程师、会计、营销专家）负有对雇主忠诚的特殊责任，不能通过原本能为雇主带来利益的机会为自己获利，不能窃取雇主的机会。

（2）保密协议：雇员所做的不泄露企业商业秘密的承诺。

（3）竞业限制：禁止掌握雇主商业秘密的特定雇员在任期间或离职后一定时期内利用商业秘密与本单位竞争。

（4）提出辞职前后的表现应当职业化。

（5）充分知晓并尊重所有雇佣协议。

（6）如何营造伦理文化，培养员工的伦理观念。

（7）如何树立道德公约和核心价值观。

（8）如何处理利益冲突、顾客欺诈、不合理使用公司资源。

2. 创建新企业需要考虑的法律问题

（1）新产品创意的合法性。

（2）创业者与原公司签署的雇佣合同，包括任何形式的非竞争协议和保密协议（竞业限制）。

（3）新式的便携设备与原公司生产的产品有多大的相似程度。

（4）创业合作伙伴之间如何分配新企业的所有权和责任。

（5）企业和产品的名称、商标以及其他知识产权。

（6）为新企业挑选律师。挑选合格的律师能够帮助创业企业在初期避免法律纠纷、解决法律问题。选择律师的重要标准：熟悉创业过程，能对企业筹资有帮助，能够准时完成工作，过去有指导创业的成功经验。

（7）起草创建者协议，也称为股东协议，是处理企业创建者之间相对的权益分割、创建者个人如何因投入企业干股或者现金而获得的补偿，以及创建者必须持有企业股份多长时间才能被完全授予等事务的书面文件。内容包括：未来业务的实质、创业者的身份和头衔、企业所有权的法律形式、股份分配（或所有权分割）方案、各创建者持有股份或所有权的支付方式（干股或现金）、明确创建者签署确认归企业所有的任何知识产权。

（8）回购条款。在其余创建者对企业感兴趣的前提下，法律规定：打算退出的创建者有责任将自己的股份出售给那些感兴趣的创建者，回购条款还要规定股份转让价值的计算方法。

（9）避免法律纠纷，做好文书工作。

6.1.5 新企业选址策略和技巧

对于开业的场所是否必须具备一个固定的目标,很多人的看法都不一样,一些人心里想着要开服装店、开餐厅。他们偶尔看见"任何生产皆宜"、"店面廉价出租"、"从速联络,以免错失良机"诸如此类的报纸广告,就会不禁心动,做出并不明智的决定。其实,如果当时他们冷静思考,分析利弊,就会发现并不是任何一个地段都适宜开设企业。所以,经营者在考虑选择店址时,务必要多加思量,以免造成不必要的重大损失。

1. 按照店铺种类选择店址

1) 选择日用品店的店址

日用品店一般将顾客群定位为居住在附近的家庭主妇,因此,相应的店址的选择也受到主妇的行为模式和范围所影响。

大多数家庭主妇在购买过程中是不会舍近求远的,这是因为各种日用品的购买频率并不相同,例如,食品、饮料的使用频率都比较高,因此,其市场价格的差异程度不是很大。另外,一般的家庭主妇都具有定点购买的心理倾向,如牛奶、面包之类的日常商品,她在第一天决定从某一商店购买后,在今后的购买中就不会轻易改变。

2) 选择耐用品店的店址

一般情况下,耐用品的价格比日常用品要高,顾客购买的频率相对较低。人们在购买过程中,为了能买到称心的商品,总是不惜力气和时间,其商圈范围自然要大得多。开店营业时,选择交通便利且周围商业氛围浓厚的地点就显得十分重要。

耐用品的购买圈会因价格的悬殊而有所差别,也会因商品性质的差异而有所不同,这种差别有时会很大,但开店营业时,通常考虑的范围是在一小时的交通范围之内为最宜。

2. 根据地点选择店铺种类

1) 如何在学校附近开店

经营者在进行店铺定位时,应针对学生的一些特定需求,例如衣、食、住、行、文化娱乐、休闲运动等进行销售。

一般情况下,这里所指的学校主要是指大中专学校。大中专学校又分两种,一种是位于城市的郊区,交通闭塞,另一种是交通便利的市中心。前者学生大部分需求依靠周围的店铺来满足,而后一种由于其所处市中心位置,故学生的需求不一定依赖周围的店铺。这是由学生的学习和作息时间决定的。

因此,一种风险小而又有盈利的投资方式,就是在地处郊区、比较偏僻的大学、中专学校附近开店。店址最好在离学校几百平方米以内,以顺道为最佳。这类零售店包括流行服饰店、眼镜店、文具店、日用品店、书店、音像店、运动用品店、自行车出租店等。除寒暑假外,这些零售店的收入一般都较稳定。经营此类店铺,关键是商品价位要经济。虽然目前大学生消费水平比过去有所提高,但莘莘学子毕竟是靠父母提供经济来源的。

2）如何在居民区附近开店

一般情况下,人们习惯到一些大中型的商场或繁华市区去购买时尚流行商品或是一些较为高档的耐用品,而对于一些如食品、烟、酒、五金、杂货此类的日常用品,就喜欢到离家比较近的地区购买。如果零售店经营者能够保证销售的商品拥有良好的质量和服务,零售店就能很快地同此地的居民融合在一起,生意也就会愈来愈兴旺。

在居民区开店,应该考虑到人们的这种心理上的消费偏好。不仅如此,零售经营者还应该考虑到既然要为某一固定区域中的居民服务,那么服务内容就应该是与该地区居民生活饮食起居息息相关的。经营者可以开设洗衣店、食品店、药店、服装店、童装店、修理店、杂货店、五金店、美容美发店、化妆品店以适合居民的需要。在居民区开店,房屋租金一般不会太高,这就说明零售店经营者开店的投资不会太大。在居民区,学生的消费水平也不可低估,经营者也可在学生消费上仔细捉摸,寻求更高的利润。

3）如何在车站附近开店

开店的地址应该在离车站100～200米左右最为适合,零售店的位置如果能够正对车站的出入口或是位于可以顺利进出车站的交通便利的路线,那么就是最好的。

零售店的经营者应该重视车站附近的有利地形,千万不要小看车站,因为这里聚集了天南海北的旅客,所以车站附近一直被看作是开店的黄金口岸。车站的附近可以开设一些土特产店、礼品店、饮食店、箱包店、食品店、旅店、娱乐性书店、代办托运店、饮料店、快餐店、旅游纪念品店、出租相机等。开店经营的商品须符合价位不高、生活需要、易于携带的特点。车站主要以搭乘大众运输工具的乘客为主,但因其年龄、职业、爱好和目的各不相同,有旅游的,有出差的,有探亲的,故开店时应针对特定的消费群体,在开店方向和经营方式上多下功夫。

4）如何在办公区开店

当前,在大中城市纯粹的办公区是很难找到的,多半是商住混合型的。这里所讲的办公区,只是相对而言,意指公司聚集较多的地段。在这些地段开店,应充分考虑到你的主要消费者是上班族。这类消费者的消费档次、消费水平较高,而消费者年龄也不大,一般都二三十岁的年轻人,因此开店应以这部分人为主要目标。办公区店铺的消费者大部分人是上班族,也有当地居住者和外来逛街者。

上班族有一个特点:由于只有中午短暂的用餐和休息时间,因此他们不会走得离办公地方太远,附近便成了他们用餐、休息之处。因此,离办公楼愈近,顾客的来店率愈高,尤其是用餐的地方或咖啡厅、冷饮店。

开店大多以下班路线为主。上班时间要赶时间,来去匆匆,光顾你店的机会少。下班时因心情松弛,逛街购物的机会就自然增多,故在下班途中设店为好。

关于在办公区什么地方开店以及开什么类型的店,应做调查后再确定。如果办公区内大型国营单位多,未必是好事,因为其内部常有多种功能和服务设施。店铺若紧邻金融机构,并不是好事,因到银行的无外乎办理存款、贷款、提款的财务人员,他们一般不愿意在附近逗留。若办公区内机构多属直销行业、保险行业的,在此区开店也不好,因其人员大都是搞外勤的;店铺若邻近大卖场较好,因为大卖场往往能聚集人潮,它周围的店铺自然受益。若区内机构以外商为主,则消费水平高,在此区域开店比较适宜。

总之,开店位置的选择除了考虑区内行业分布、下班路线外,还应考虑到区内大楼的排列,道路的分布、延伸、店面的串联或断裂以及人潮方向等。在办公区开店,最好以休闲行业、餐饮业和为办公提供服务的服务行业为主。由于消费者的时段集中短暂,所以在服务和经营上应考虑到团结快速定位。

3. 优越店址的特征

一个优越的店址应当具备以下 6 个特征,一般至少也要拥有两个,若是全部拥有那就真可谓黄金宝地了。

(1) 商业活动频繁程度高的地区。比如在闹市区,商业活动极为频繁,把店铺设在这样的地区营业额必然会很高,这样的店址就是"寸土寸金"之地。相反,如果在客流量较小的地方设店,营业额一般很难提高。

(2) 人口密度较高的地区。例如居民聚居、人口集中的地方是适宜设置店铺的地方。在人口集中的地方,人们有着各种各样的对商品的大量需求。如果店铺设在这样的地方,致力于满足人们的需要,那必定会生意兴隆,这种店铺收入通常比较稳定。

(3) 交通便利的地区。比如在旅客上车、下车较多的车站,或者在主要车站的附近,也可以在顾客步行距离很近的街道设店。

(4) 面向客流量多的街道。店铺处在客流量多的街道上,可使多数人购物都较为方便。

(5) 接近人们聚集的场所。例如公园、电影院、游乐场、舞厅等娱乐场所,或者机关、工厂的附近。

(6) 同类商店聚集的街区。大量事实证明,对于那些经营耐用品、选购品的商店来说,若能集中在某一个街区或地段,则更能招揽顾客。从顾客角度来看,店面众多表示货品齐全,可比较参考和选择的商品也比较多,是有心购物时的最佳选择。所以,创业者无须担心竞争,同行愈多,人气愈旺,业绩就愈好,因此店面也就会愈来愈多。例如许多城市已开辟了各种专业街,如广州,买电器要去海印,买服装要去北京路等,许多顾客为了买到称心如意的商品,往往不惜跑远路到专业街购物。

4. 不宜设店的地方

（1）快速车道两侧。随着城市建设发展，高速公路日渐增多。由于快速车道的需要，高速公路多有隔离设施，两边无法穿越。公路两边少有停车设施。因此尽管公路旁有流动的顾客群与固定单位，也不宜作为新开店选址的区域。因为人们往往不会为一项消费而在高速公路旁违章停车。

（2）周围居民少或增长慢但商业网点已基本配齐的区域。这种地区不宜作为店铺的新店址，这是因为在缺乏流动人口的条件下，有限的固定消费总量不会随新开店铺而增加。

（3）同一地区层高的地方。这种地方不宜开设店铺。这不仅因为层高开店不便顾客购买，还因为层高开店一般广告效果差，商品补给和提货都很不便。

（4）近期有拆迁可能的地区。新店局面刚刚打开，就遭遇拆迁会造成很大投资损失。

5. 零售业的选址

零售业是服务于大众消费者的流通企业，它的经营成果极大地依赖其店址选择的正确与否，所以，零售业被称为"选址决定命运的产业"。国际经营大师们认为，零售业成功的关键是"Place-Place-Place"，即选址，说明了零售业选址的重要性。

1）我国零售企业选址的现状及问题

（1）零售企业选址战略不科学，随意性大。

目前我国许多零售企业选址在区域的选择上较为随意，不根据企业的发展需要或从企业选址的战略角度进行科学规划，不切合实际布点，看重发展速度而忽视市场调研和分析，导致扩张质量不够理想。

（2）零售企业"散、小、弱、差"，缺乏品牌认可。

零售业中的"单体店"较多，势单力薄，选址过程随意性大，效益欠佳，制约零售企业选址和可持续发展。我国零售企业中没有被消费者认可的品牌，不能很快被消费者所信赖和认可。

（3）零售企业经营管理能力较弱。

我国企业的整体管理水平比较落后，管理不到位，制度不够健全，效率较低，服务意识落后等。很多零售企业的信息化建设也不能与其发展相匹配，管理的精细化程度依然较低。零售企业大多没有建立起完善的人才培养机制，员工的整体素质不高，中高级复合型人才缺少，影响了企业的经营与扩张。

2）零售企业选址的关键——商圈的选择

所谓商圈，通常指可能来店购物的顾客所分布的地理区域。商圈是以零售企业为中心向四周扩展，构成一定的辐射范围所形成的。商圈分为主要商圈、次要商圈和边际商圈。主要商圈是指最接近商店并拥有高密度顾客群的区域,通常本区域50%的消费者来本店购物;次要商圈位于主要商圈的外围,顾客光顾率较低,一般这一区域的15%～20%的消费者到本店来购物;边际商圈位于次要商圈之外围,属于本企业的辐射商圈,一般本区域的10%的消费者来此店购物。零售企业确定其商圈范围非常重要,一方面可用于指导零售企业的选址;另一方面可以具体了解零售企业的消费者构成及其特点,从而确定目标市场和经营策略。要对商圈内人口的消费能力进行调查,计算商圈不同区域内人口的数量和密度、年龄分布、文化水平、职业分布、人均可支配收入等指标,了解其商圈范围内的核心商圈、次级商圈和边缘商圈内各自居民或特定目标顾客的数量和收入程度、消费特点与偏好。

3) 零售企业选址的策略

(1) 便利策略

零售企业进行选址首先要考虑其业态特征,那些单体规模小、满足顾客便利需要,以经营选择性较低的日常生活用品为主的零售业态,例如超市、便利店原则上应在距离上靠近顾客;而那些单体规模大、商品品种齐全,以经营选择性较强的商品为主的零售业态,例如,百货店或仓储式购物中心能够从远处吸引顾客,原则上选择人流多、交通便利的地方。交通便利可以把较远地方的人带进来,又方便购物的人群走出去。交通便利已成了现代零售业必须考虑的重要因素。比如,交通便利就是家乐福选址的首要因素,家乐福开店选址的条件有三:交通方便、人口集中、两条马路交叉口。家乐福的法文名字"Carrefour"正是"十字路口"的意思。

(2) 聚合策略

零售企业周围的竞争情况对零售企业经营的成败产生巨大影响,因此在选址时必须分析附近的竞争对手。在零售企业相对集中的地方,在价格、服务等方面努力做出特色才能成功。对于单一功能零售企业,由于这些店经营业务单一,规模小,对顾客的吸引力薄弱,自身难以拥有较大的客流。这些零售企业具有依附性、借客源性的特征,所以在选址上采取聚合策略,一种方案是在商业区或大商场旁边设店,从而获得较大的客源。另一种方案是在"××商业街"开店,因为商业街同业商店多,会产生聚集效应,容易扩大影响,凝聚人气。消费者在商业街可以货比三家,还起价来比较容易,所以客流量多。这样商家的生意反而比单枪匹马更容易做。比如,麦当劳、肯德基快餐厅几乎都是建在大商场旁边,也是这个道理。考察同一地段同类零售企业的经营业绩、商品的价格水平等情况可以初步测算可能产生的利润状况;也有助于确定今后自己的商品定位,用较少的投资进入竞争十分激烈的便利店市场,不仅站住了脚,而且得到迅速发展。所以集中在一起的商店群相互间既存在竞争,又有着合作,要权衡把握好这种关系。

(3) 人气分析策略

每个零售企业的经营者都知道,开店选址必须找人气旺的地方。客流多少是选址决策时必须考虑的重要问题。拥有足够的人流,才能保证企业的利润回报,足够的人气才能支撑起购买量。零售企业的选址要分析该客流的特点。古语所说的"一步差三市"的意思就是企业的选址差一步就有可能差三成的买卖,这与客流活动的线路有关。即使是同样一条街道,由于交通条件不同或基础文化娱乐设施不同或通向的地区不同,不同位置也可能会使销售业绩存在很大差异。要了解客流的消费目标,对客流量调查结果进行分析,研究客流路过的目的,如经过此地是为了购物、上下班、换车、旅游或散步等。学校附近的店面应考虑寒暑假的时间,机关和公司集中地段的店面就必须掌握他们的上下班时间,车站附近的店面应摸清发车、到车的规律,这些都会影响开业后的营业时间,进而影响企业的业绩。零售企业选址过程中还有一些方面需要注意,如商业环境和条件、城市规划、场地条件、法律条件等都要有详细的资料。

零售企业的选址是一门大学问,要充分运用各种学科的知识,经过深入的分析、研究才能有效实施,是零售企业经营管理者必须予以高度重视的一项关键性工作,选址准确才能进一步有效地提升零售业的竞争能力。

6.1.6　新企业的社会认同

1. 社会认同的概念

所谓社会认同(social proof)是指个体认识到其属于特定的社会群体,同时也认识到作为群体成员带给他的情感和价值意义。Tajfel 提出的社会认同理论,区分了个体认同与社会认同。社会认同是社会成员共同拥有的信仰、价值和行动取向的集中体现,本质上是一种集体观念。与利益联系相比,注重归属感的社会认同更加具有稳定性。

2. 新企业与社会认同的关系

大众传播在带来社会认同以支持舆论形成的过程中,扮演着重要的角色。首先,描述群体与议题的相关性;其次,描述群体对议题所持的意见,并告诉认同该群体的人们应该遵守的规范;再次,群体的意见规范在受众心目中的感觉很可能受大众传播的影响而被夸大;最后,人们自己承担起维护这种被认为是群体规范意见的责任,并且更可能去表达这种夸大的规范。正是这个时候,对不同议题的舆论可能表现得更坚定、更具体了。

3. 新企业得到社会认同的重要性

企业要想生存下去必须得到社会认同,试想一个企业被社会公众所唾弃,它的产品还能卖出去吗,就像"三聚氰胺"事件毁了多少企业,让多少人深受其害,真正好的企业才可以走向世界。

4. 新企业通过哪些途径可得到社会认同

（1）作为社会经济的构成单位，优秀企业为社会提供大量"体面就业"的机会。企业通过增加投资，新增项目，扩大就业。"和谐社会"的最低标准是"稳定"，"幸福生活"的前提是"生存保障"，就业机会增多意味着社会不安定因素的降低，以"体面"为标准的就业机会则意味着个体生存质量得到基本保障。过去只有 ISO 9000 和 ISO 140000 国际认证，现在对企业社会责任也有了一个旨在解决劳动力问题，保证工人工作条件和工作环境的国际认证标准体系。这一标准明确规定了企业需保证工人工作的环境干净卫生，消除工作安全隐患，不得使用童工等，切实保障了工人的切身利益。众多企业积极履行社会责任，努力获得 SA8000 国际认证，企业通过这种管理在员工及公众面前树立起良好形象，获得美誉度和信任度。

（2）对劳动者的尊重、使用、培养使企业赢得人心。如果说提供"体面工作"机会是获得公众信任和美誉的基础，那么企业在"如何使用和培养劳动者"上所表现出来的智慧则是它们赢得员工爱戴的根本。人本主义心理学家马斯洛提出的"需求层次理论"认为：人有两大需要系统，即基本需要和心理需要。基本需要包括生理需要（例如食物和水）、安全需要（例如职业）、归属与爱的需要（例如归属感）、尊重需要（例如被他人尊重）。心理需要包括认知需要、美的欣赏需要、自我实现的需要（例如寻求自我满足、成就、发展最优潜能的需要）。好雇主之所以赢得"人心"，其关键就在于他以承诺及对承诺的实现满足雇员的上述需要。提供稳定的工作机会、完善的薪酬制度、劳动保障制度、系统的培训制度、广阔的发展平台满足雇员的需要，即为雇员提供成长感、成就感和归属感，使雇员的自我价值得到实现。

（3）卓越的企业文化使雇员终身受益。全国人民代表大会副委员长李铁映曾在"21世纪中国企业文化论坛"上指出，企业文化所形成的智力、凝聚力、创造力是一种无形资产，从某种意义上来说，就是第一生产力。从本质上，企业文化包括企业职工的价值观念、道德规范、思想意识和工作态度等；从外在表现上，它包括企业的各种文化教育、技术培训、娱乐联谊活动等。好雇主的企业文化是植根于基层、贯彻到顶端的，企业主与雇员认同并执行同一标准，将企业理念贯穿于运营及企业生活的各个层面而不是只流于表面形式。良好企业文化的熏陶对雇员的影响是全方位的，它将影响雇员的人生观和价值观，对其职业生涯所产生的积极影响不可估量。

（4）对公益事业的投入。优秀企业对公益事业都有投入，但优秀雇主在回馈社会的同时，更关注将对公益事业的投入与雇员的行为相结合，提供给员工多样化、积极向上的人生体验，从而使公益行为更有价值。很多企业在捐助的环节，使员工亲自参与，并直接服务于捐助对象。这样的做法使被捐助者体验到的不仅是来自经济层面的支持，更重要的是关爱。而员工亲自参与公益活动，使员工感受到超越个体体验的、与企业合而为一的责任感,因而这样的捐助更具人文价值。此外,企业社会责任感也表现在减少生产活动各个环节对环境可能造成的污染,降低能耗,节约资源,保护社区及其他公民的利益,缓解城市尤其是工业企业集中的城市经济发展与环境污染严重、人居环境恶化间的矛盾。企业在以上方面的表现,不但自身获得可持续发展的可能、赢得社会尊重,同时使雇员形成整体的、全新的、积极向上的人生体验。好企业不等于好雇主,从企业长期发展的角度来看,好雇主一定会带领企业成为好企业。

6.2 新企业生存管理

6.2.1 新企业管理的特殊性

1. 伦理管理

由企业社会责任观念衍生出企业应该履行的道德责任问题,即如何判别企业经营行为是道德的或不道德的? 为了回答这些问题,在20世纪70年代诞生了一门崭新的管理学科——企业伦理学(或称经营伦理学)。其根本的出发点就是将"经营"与"伦理"相结合。实行伦理管理需要通过三方面的工作来完成:一是企业内部必须实行人本管理;二是对企业外部即企业与顾客之间、企业与企业之间、企业与社会之间进行和谐的伦理管理;三是在企业与自然之间实现生态伦理管理。很明显,伦理管理是未来企业生存和发展的基础。

2. 柔性管理

人既是管理的主体,又是管理的客体。对人的管理既可以凭借制度约束、纪律监督,直至惩处、强迫等手段进行刚性管理;也可以依靠激励、感召、启发、诱导等方法进行柔性管理。所以,柔性管理就是指依据组织的共同价值观和文化、精神氛围进行的人格化管理,其本质是一种"以人为中心"的"人性化管理",它在研究人的心理和行为规律的基础上,采用非强制性方式,在员工中产生一种潜在说服力,从而把组织意志变为个人的自觉行为。它具有三个特点:一是柔性管理的内在驱动性。这是柔性管理的最大特点,它不是依靠权力影响力,而是依赖从每个员工内心深处激发的主动性、内在潜力和创造精神。而只有当组织规范内化于员工的自觉行动之中,内在驱动力、自我约束力才会产生。二是柔性管理的影响持久性。柔性管理要求员工把外在的规定转变为内心的承诺,最终变为自己的行动。这需要一段时间,然而一旦协调一致,便具有很大的独立性,对员工的影响是巨大的。三是柔性管理的激励有效性。按照马斯洛的需求层次理论,柔性管理的方式属于满足员工的高层需求,具有激励因素,因而是有效的。

3. 企业"规模"管理

它包括两方面的含义：一是通过兼并、资产重组、合并等方式来扩大企业的规模，形成"大公司化"；二是"小公司化"，所谓小公司化并不是真的分成独立的小公司，而是实现新的工作制，即小组协作制。它就像一个独立的小公司，小公司的生存与发展都关系到小组的前途，因此，每一位成员都必须为这个小组献计献策，为小组的一切尽心尽职。这是一种新的工作方式，它创造了新的企业文化，促进了员工之间的协作与交流，增加了员工参与公司工作的热情与责任感。美国的 IBM 公司及瑞典的爱立信公司均为这一模式良好运行的典范。

4. 定制生产

20 世纪 80 年代后，消费者的需求日益多样化，企业为满足这一需求，必须增加成本和库存。为此西方企业推出了适应市场多样化的新举措，即定制生产。定制生产方式是根据消费者的特别需求而定制生产产品，哪怕需求数量只生产一件。它实现了产品制造过程与营销过程的紧密结合，改变了生产与营销分离。如美国的惠普公司、通用汽车公司，我国的海尔公司等，因实行定制生产而取得很大成功，它能够比竞争对手更快地提供更符合消费者需求的特制产品。

5. 供应链管理

进入 21 世纪以来，供应链思想已经在全球范围内得到广泛关注，成为学术界研究的一个热门领域。我国一些著名的国际公司都在实施供应链管理思想，并取得了很好的效果。供应链的合作模式就是"双赢模式"。市场份额对企业的重要性是不言而喻的，它要求企业更多地注重"赢了"客户而不是关注"吸引"客户。供应链管理是一种全新的管理思想，它强调企业必须和其他企业建立战略合作关系，巩固和发展自己的核心能力和核心业务，利用自己的优势资源，通过技术程序的重新设计和业务流程的快速重组，做好本企业能创造特殊价值的、具有长期竞争力的关键业务，这就是供应链的合作模式的关键所在。可以说，谁拥有了这种合作模式，谁就能取得供应链的成功。

6. 管理思想

管理创新，首先要在管理思想上创新。这是其他一切创新的前提，没有这个前提，就谈不上创新。企业管理创新也有一个机制，这个机制产生于企业内部环境与企业创新的氛围中。具有创新机制的企业，对管理创新具有推动和激发的作用，反之则不能有效推出管理创新。

（1）从传统企业和管理目标多元化向管理目标单一化转变。每年企业都有明确的目标,公司的领导、公司的各项管理工作都围绕这一目标而展开,追求管理的卓越和创新,从而带来最佳的经济效益。

(2) 从企业被动型管理向企业自主化管理转变,让企业成为管理的主体。公司内部要建立 CMP 和质量、财务、安全等内部审计制度,形成自我检查、自我整改、自我完善、自我发展的机制,调动管理人员的积极性和主动性,发挥管理人员的智能和潜能,创造性地开展创新活动。

(3) 从企业内部管理的计划经济模式向市场经济模式转变。企业将市场占有率作为衡量企业经营好坏的重要标准。只有提高市场占有率,才能保持企业的生存和发展。要坚持各项经营管理工作都以市场为导向,一切为市场需要服务,在营销工作中,要坚持加强市场研究,讲究市场策略,重视市场投资,完善营销机制。针对产品的特性及其特定的用户,要确定"自销与通过商业渠道销售并举"的原则,立足"甩掉",而不满足于"卖掉",以形成销售、服务、消费、制造的良性循环。

(4) 从封闭型的企业管理向国际通行的现代管理转变,并密切注意吸取国外现代管理的信息,不断进行管理创新。

6.2.2　新企业成长的驱动因素

新企业的运作需要一个从无到有的展开过程,包括开始建立相应的内部流程并获得外界认可,该过程中的任何环节出问题都会带来难以估计的麻烦。所以新企业的生存管理是十分重要的,管理得当会使企业发展成为成功的企业,管理得不当可能会面临倒闭的风险。在新企业的生存管理中,新企业成长的驱动因素是很重要的一个环节。

企业成长的驱动因素主要包括企业文化建设、企业经营管理、知识管理能力、人力资源管理、相关利益管理以及服务能力。

1. 企业文化建设

企业文化建设主要是指企业的信誉、公司形象、组织文化、知识型团队建设等内容。企业文化是一个组织由其价值观、信念、仪式、符号、处事方式等组成的特有的文化形象。美国学者迪尔和肯尼迪把企业文化整个理论系统概述为 5 个要素,即企业环境、价值观、英雄人物、文化仪式和文化网络。

2. 企业经营管理

企业经营管理主要体现在公司体制选择、经营模式、社会分工细化程度以及经营程序的规范程度等方面。

3. 知识管理能力

知识及产品的获取、存储、探索和共享从属于知识管理领域、咨询工具、方法库质量及其更新速度，不断深化的企业信息化程度反映的是知识管理平台的建设质量和水平，因此，也可以将其划分到知识管理领域。

4. 人力资源管理

人力资源管理基本上反映了不同类型人才整合的合理性，高级专业人员和低级专业人员人数比例，员工与合伙人的培训、成长机制，以及稳定和激励优秀人才的机制等方面的内容。其中人才整合、搭配比例、培训、激励和成长机制的设置都是人力资源管理的基本内容。

5. 相关利益管理

相关利益管理主要包括与战略伙伴的合作深度、广度、客户信誉，与客户企业互动共同成长以及与企业合作实行基地建设等内容。战略伙伴、客户、竞争对手以及合作企业等都是新企业的外部群体环境，属于利益相关者的内容。

6. 服务能力

服务能力主要体现在服务人员的职业道德（客观、独立、公正的地位）、提供高质量服务的能力、国际化理念与本土化方案有机结合能力以及有关专家的专业能力、经验和技能等方面。

综上所述，对新企业的成长影响最大的是人力资源管理，其次是相关利益管理与知识管理能力，再次是企业经营管理，之后是服务能力，最后是企业文化建设。另外，可以将新企业的成长驱动因素分为明显的两类：一类是重要性程度较高的因素，如人力资源管理、相关利益管理以及知识管理能力；另一类是重要性较低的因素，如企业经营管理、服务能力以及企业文化建设。

以上罗列的是新企业成长驱动因素的内部因素，当然也只是主要部分。企业的内部资源、创业者的能力、市场条件、组织资源、管理者的素质、企业的内在发展速度、企业业务发展的战略范围等都在一定程度上驱动着企业的发展。

新企业的成长性不仅由其自身的潜在发展能力决定，还取决于其外部环境特征。其中，外部环境特征突出表现为企业所属行业的成长性，具体包括行业所处的生命周期阶段及政策因素；新企业自身的发展潜力具体包括企业的技术能力、企业经营的素质、产品的市场潜力、企业的经营效率及企业对外文化等。

除了环境对企业成长有影响外，企业家和投资者自身也在很大程度上影响了企业的发展。企业家是企业的灵魂和引擎,决定着企业生产什么,如何生产和如何分配,对企业的发展起着关键性的作用,所以,企业的持续成长和业务长期依赖于企业家的锐意创新和超越进取。因此,可以说企业家是企业成长的核心因素、经济发展的动力之源和社会进步的重要力量。企业家人力资本是依存于企业家身上,能够影响未来收益的价值存量。企业家人力资本包括精神资本、能力资本和社会资本三个维度。企业家对企业成长的灵魂和引擎作用正是通过企业家资本(物质资本和人力资本)来承载和体现的。在企业家资本中,物质资本是基础性的,即财富;精神资本是动力性的,即商魂;能力资本是效率性的,即能力;社会资本是交易性的,即情商。一个出色的企业家是这四种资本的优良组合优化配置的体现,也正是这样的企业家才能够对新企业产生驱动作用,使之蓬勃发展。

企业家的人际关系和社交范围也是新企业发展的重要动力。新企业在发展初期,没有信用保证,自然就不会有客户找上门来攀谈磋商,也就不会有业务业绩利润所谈。在企业发展初期,企业家的社交范围起到了巨大的作用。如果企业家的周身有很多同为企业家的朋友,自然会在很大程度上帮助这个新兴的企业。然而企业家的社交能力是企业维持顾客关系的重要保障,虽然很多企业都设立了自己的公共关系部,专门处理企业内外部的各种社会关系,但是在新企业创立之时很可能没有这样一笔附加的投资。所有的关系维持都要凭企业家的社交能力和交往范围。

新企业的发展路程不会一路顺风,自然会遇到磕磕碰碰,现在看似驱动力的因素或许在以后会变成阻力,所以新企业若想能够长久地发展,还要结合自身的情况具体问题具体分析,即时改变经营策略。

6.2.3 新企业成长管理的技巧与策略

在经受了创业的艰苦,成功地建立起自己的公司之后,它的成长问题便自然而然地摆在了你的面前。很多人都以为,创业的初期对于公司的存活来说,是最危险的时期。然而,事实是,公司的成长阶段可能更显得危机重重,因为它往往是在创业者毫无准备的情况下凸显出来的。

对于一个创业者,如果不能在创业后的一定时期内使企业健康地成长起来,将会使创业家壮志未酬。成长是一个适者生存、自然淘汰的过程,强调了纯粹竞争市场条件下的企业成长。在传统企业理论中,成长的目标在于利润最大化;边际成本等于边际收益是追求这一目标的基本原理;企业成长的市场环境由完全竞争发展到垄断竞争或不完全竞争。成长期的新企业与创立初期的新企业相比,管理重点相应发生了变化,表现在以下几个方面。

1. 留意公司的成长因素

扩展业务就像上战场作战一样,知己知彼,才能百战百胜。如果你不了解成长过程中可能遇到的各种障碍,就无法做出应对。影响公司成长的因素有如下几个。

(1) 创业者的意图。事实上,有些创业者通常由于信心不足而选择不成长或缓慢成长。我们必须明白:除非真心想要扩展业务,否则是无法将该做的事做好的。

(2) 目标市场的性质。目标市场的规模及其购买力对公司成长的程度及速度会起制约作用。而通过全球市场营销或增加公司的产品、服务,则可以解除这类限制。

(3) 竞争的性质。选择哪些人作为你的对手,取决于你对即将进入的市场竞争空间的界定。如果你打算与规模更大、根基稳固的老字号硬碰硬,你就是在自找麻烦。最好是创造一个尚未有强势对手存在的客户市场空间,以便在大公司插足此项服务之前先站稳脚跟。

(4) 业界对于创新的态度。如果有幸身处一个缺乏创新的产业,你就可以通过引进新产品或新作风的方式来取得竞争优势。反之,如果对于你所处的产业来说,创新是市场准入的代价,那么要挣扎生存就需要庞大的资金资源。

(5) 产业前景的可预测性。容易预测的生意自然好做些,但事实上却使得你很难突出自己而在市场上有所表现。反观像电信这样波动剧烈的产业,却正处于急剧的变化而充满发展机会。通常来说,小公司从中得到的好处是最多的,因为它们的管理费用较低,所以较有弹性,能够因应市场所需迅速地调整营运轨道。

(6) 进入该产业的障碍有多大。你想介入的产业往往不是那么友善,已有一定根基的老手会在项目研发、厂房、设备以及业界规定等方面制定出一些高标准为新手的进入制造障碍。拥有核心技术的老公司只要拒绝授权让你使用该技术,就能有效地将你拒于产业大门之外。了解清楚哪些因素会对实现目标造成障碍,就可以在公司到达成长阶段之前成功地找出突破之道。

2. 制定新企业在成长过程的管理策略

成长期的新企业相对于刚成立的新企业其管理策略是不同的,为了新企业的健康成长,制定新的管理策略是必须的。新的管理策略包括:确立制度,善加管控,有效的管理企业的成长;建立能干、专业的管理团队;寻找并保持企业的竞争优势;塑造成长导向型的企业文化;拟定完善的科技策略,并使其成为公司的竞争优势;创建能够随机应变的弹性组织;企业每一环节都应顾及整体质量;上网找寻新客户并留住老客户;公司的整体成长策略应有全球观;策略联盟可以加速成长。

3. 管理好保持企业持续成长的人力资本

快速成长企业的一个共同成功要素是其强有力的人力资源管理。快速成长企业的经营者并不一定要受过高等教育,但他们要雇用一大批有能力的下属,他们通过构建规模较大的管理团队以便让更多的人参与决策。管理者需要为企业人才的发展提供良好的环境、成长机会，使员工有机会分享企业的成功。

4. 从过分追求速度转到突出企业的价值增加，即企业价值与品牌管理

当企业过分追求速度时，往往会带来问题，即销售收入增加很快而利润却没有增加，企业的价值没有得到增值，因此，当企业发展到一定程度时，就需要向价值增加快的方面转移和延展，以获得最大的价值增值。突出价值增值的另一个方面是企业品牌的打造。企业品牌是企业成长管理中的一个重要问题，有的企业往往忽视了品牌的培育，或者采取错误的策略而导致失败。

5. 注重整合外部资源，追求外部成长

中小企业的人力、财力、物力资源相对匮乏，注重借助别人（既包括竞争对手，也包括合作者）的力量，发展壮大自身，便显得更加重要。这也是快速成长企业特别擅长的策略。而通过上市获得短缺资源并迅速扩大规模是实现成长的捷径之一。

6. 管好用好资源

从创造资源到管好用好资源，新企业的成长是靠资源的积累实现的。管理上需要从注重创造资源转向管理好已经创造出来的资源，从资源"开创"到资源的"开发利用"。同时，需要采取必要的措施，管理好客户资源，管理好有形、无形资产，通过现有资源创造最大价值。

7. 形成比较固定的企业价值观和文化氛围

企业价值观是支持企业发展的灵魂，虽然是无形的，却渗透到企业发展的方方面面。大多数快速成长企业都有比较固定的企业价值观，用以支持企业的健康发展。快速成长企业的创建者非常热爱自己所从事的事业，审时度势，制定符合社会发展的价值观念，并倾注全部心血使企业的价值观延续下去。这就是企业文化管理。

8. 成长问题管理

每个企业在成长过程中都会遇到各种各样的障碍，有的企业在障碍面前止步不前，甚至衰败了；有的企业则将阻碍变成动力，适时变革，积极应对，实现了新的发展。通过对企业实际做法的考察发现，差别在于经营者应对障碍的方式方法不同：一般中小企业经营者采取的是被动方式，用"救火式"的方法应对发生的各种问题，结果是"按下葫芦起来瓢"，问题反而更多、更复杂；企业家则采取了另外的方法，他们注重变革和创新，用成长的方式解决成长过程中出现的问题，其本质是推动并领导变革。解决成长中的问题，主要从以下几方面入手：注重在成长阶段主动变革；善于把握变革的切入点，重视人力资

源的开发;注重系统建设。只有解决了这些成长过程中出现的问题,新企业才能更好更快地发展。

6.2.4 新企业的风险控制和化解

随着市场经济的进一步发展,我国经济开始全面实现与国际经济接轨,国内市场和国际市场将融为一体,市场、金融以及经济全球化扩张,导致企业面临的不确定性因素越来越多,加之信息的不完备与非对称性,更加大了企业风险的形成。因此,如何防范和化解企业在生存和发展过程中面临的各种风险,使之在市场竞争中健康发展、立于不败之地就成为企业管理者所面对的首要问题。为了化解和控制新企业所面临的风险,我们就必须建立健全企业内部控制制度和应对外部威胁的措施,以防范企业风险;同时,应当加强风险管理,适时化解企业风险,使企业在市场竞争中健康发展。

针对新企业的风险控制和化解,我们提出了以下解决措施。

1. 健全内部控制制度,防范企业风险

既然内部控制是作为防范企业风险的机制而存在,那么如何建立健全企业的内部控制制度?内部控制按其控制的目的不同,可分为管理控制和会计控制。前者以提高企业经营效益和工作效率,保证经营方针、决策的贯彻执行以及经营目标的实现为目的;后者则是以保护企业财产物资的安全,确保会计信息的真实与完整以及财务活动的合法性为目的。两者相互联系、相互影响,有些控制措施可以用于会计控制,也可用于管理控制。

1) 以人为核心的管理控制

管理控制的范围很广,包括企业内部除了会计控制之外的所有控制,如企业发展战略、组织结构、人事管理、安全和质量管理、部门间的关系协调、企业负责人和高层管理决策及行为等方面的控制,但重点是与人的行为紧密相关的组织结构、人事管理控制等。

(1) 推进现代企业制度建设,完善法人治理结构。

在现代企业制度下,通过建立健全法人治理结构,在股东会、董事会、监事会和经理层之间合理配置权限、公平分配利益,明确决策、执行和监督责任,在企业内部形成一种有效的激励、监督和制衡机制。这既是内部管理控制的重要内容,也是企业内部控制制度建立的基础和有效运行的前提。因此,针对我国目前在建立现代企业制度过程中,公司治理结构尚不十分健全,运行也不规范,存在董事会"空壳"、"内部人"控制、权力过分集中等情况,企业需要做好强化董事会的功能,扩大独立董事在董事会的比例以及完善监事会制度等工作。

(2) 改进人力资源管理机制,提高企业人员素质。

一个企业的人力资源政策直接影响到企业中每一个人的表现和业绩。良好的人力资源政策对培养企业人员,提高企业人员的素质,更好地贯彻和执行企业内部控制有很大的帮助。因此,企业应面向人才市场,引入竞争机制,合理配置企业人力资源,形成任人唯贤、优胜劣汰的用人机制。

2) 以会计系统为核心的会计控制

根据《会计法》和财政部颁布的《内部会计控制规范——基本规范(试行)》的规定,结合企业现状,笔者认为现代企业会计控制应重点抓好以下几方面工作。

(1) 实行全面的预算管理,做到企业收支心中有数。

"凡事预则立,不预则废",企业经营也不例外,必须实行有效的预算管理。预算管理是指企业为达到既定目标而编制的经营、资本、财务等年度收支计划,这是企业管理现代化的重要标志。预算是控制的基础,只有在预算体系正确完整的基础上,才能谈得上完善的内部控制。

(2) 加强会计系统控制,确保会计信息真实、完整。

会计系统是企业为了汇总、分析、分类、记录、报告企业交易,并保持对相关资产与负债的受托责任而建立的方法和记录。会计作为一个控制信息系统,对内向管理层提供经营管理的诸多信息,对外向投资者、债权人等提供用于投资等决策的信息,是有效实施会计控制的核心。

(3) 建立和完善内部审计制度,促使企业的经营管理正常进行。

内部审计是企业对其内部各项经济活动和管理制度是否合理、合规、有效所进行的监督和评价,它是其他内部控制的再控制。内部审计有助于企业发现经营管理中存在的问题,对于促进企业依法经营、提高会计信息质量有十分重要的作用。

2. 加强风险管理,化解企业风险

内部控制虽然可以防范企业风险,并构成风险管理的必要环节,但内部控制并不等于风险管理本身,它不能转嫁、承担、化解或分散企业风险。因此,企业必须加强风险管理。只有这样,当企业风险产生并威胁到企业的生存和发展时,通过风险管理才能转嫁、承担、化解企业风险。

1) 明确风险控制的目标责任

在健全的法人治理结构下,企业经营者全盘负责本单位的风险管理,建立从董事会到各职能部门、员工个人的严密、畅通的信息网络,形成以各部门、各小组为单位的风险责任中心,确定风险控制的目标责任到具体每个人。一旦发现问题,能够及时寻找负责对象,并结合有效的奖惩制度,促使责任人在未来经营期间不再重蹈覆辙。在确定收益增长、业务创新的同时,明确现金流量、投资回报、资产周转等具体的财务指标,使风险控制细化到基层部门,企业的每个员工都承担风险控制的责任。

2) 建立风险预警机制,规避事前风险

风险的预警、评估既是现代企业内部控制的重要组成内容,更是企业风险管理的基础。通过预警系统,企业一旦有风险的苗头出现,即可进行防堵,把风险消灭在萌芽状态,以避免或减弱对企业的破坏程度。企业在编制预算时,每个部门应制订清晰的风险管理目标,将该部门可能出现的商业风险和财务风险细化分析,预设能够承受的各种目标,一旦超出这些目标,就进行调整,使企业按既定目标运行。

3)事中风险、事后风险的管理

在企业经营活动过程中,风险与危机可能存在的前提下,运用各种定量、定性分析方法,观察监督风险状况,及时预防、阻止、抑制不利因素的发展,使风险减少到最低限度。如企业通过参加保险、签订合同、要求担保、承包和租赁等方式,将风险损失及其有关财务后果转嫁给其他单位或组织,实现风险社会化;企业进行多元化经营或筹资,使项目之间盈亏互补,增加企业销售和盈余的稳定性,把投资风险不同程度地分散给股东、债权人、供应商等。在风险已经发生的情况下,企业应合理处置,最大限度地减少损失给企业带来的不利影响,确保继续生存、维持企业资金正常运营,并吸取教训,做出必要的总结和调整。

宜家:逆向战略定位

宜家家居逆向战略定位的核心是"低价"和"有限服务"。宜家的目标对象是年轻的家居客户,他们在乎的是价格低廉的时尚家具。要充分理解这种战略定位,就要回到宜家的创立之初。从1950年一直到20世纪70年代初,瑞典的国民生产总值平均年增长4%,这一持续增长所带来的现代化浪潮使得城市不断扩张,并向郊区辐射拓展。年轻人迫切需要找地方住下来,并尽可能便宜地装修房子。这一状况和现在的中国出奇地相似,"黄金年代"下的"黄金需求"由此产生。

宜家"反其道而行"的策略体现在它"从价格标签开始设计"的独特定价方法上。看看宜家贩卖的热狗吧,1个才3块钱人民币,而在其他地方类似的产品差不多要10块钱。这只小小的热狗完满地体现出了宜家的"热狗原理":不仅仅是价格比别家低,而且还要比别人低很多。为了达到这一点,宜家的研发体系采取一种独特的做法,首先确定价格,即设计师在设计产品之前,宜家就已经为该产品设定了比较低的销售价格,然后再反过来寻求能够以该售价以下的成本价提供产品的供应商,从而把低成本与高效率合为一体。

从一个独特的营销概念转化为一个战略定位,宜家花了几十年时间使其高效运转。而围绕战略定位,宜家又进行了一系列环环相扣的整合。这看起来就像一台精密运转的机器,但是,宜家的战略定位确是由一些具有优先顺序的战略主题构成:第一是有限的顾客服务。为了抓住那些愿意节省成本而牺牲服务的顾客,宜家放弃了竞争者惯用的招数。宜家放弃了销售员贴身顾客的销售方式,而是采取销售员咨询,店内展示的自助式服务。

宜家没有太多的服务人员，却总是提醒顾客"多看一眼标签：在标签上您会看到购买指南、保养方法、价格"。第二是顾客自助购物。宜家擅长设立样板间，以陈列相关的产品，顾客不需要设计师的协助，就可以想象各种家具摆放在一起的样子。宜家也鼓励顾客在卖场"拉开柜子，打开柜门，在地毯上走走，或者试一试床和沙发是否坚固。这样，你会发现在宜家沙发上休息有多么舒服"。第三是模块化的家具设计。和其他厂商依赖制造商的做法不同，宜家觉得自己设计专有的低成本、组合式、可自行组装的家具，更符合公司的定位。第四是更低的制造成本。宜家除了与OEM供应商合作外，也鼓励各供应商之间进行竞争，宜家也倾向于把订单授予那些总体上衡量起来价格较低的厂商。为了进一步降低价格，根据各地不同产品的销量不断变化，宜家在全球范围内调整其供应链布局，也就不断调整其生产订单在全球的分布。

这种低成本的定位是以牺牲顾客部分服务为代价的，这也招致顾客的抱怨。在中国，宜家会受到顾客强烈的质疑：为什么送货要收费？为什么要自己组装家具？宜家没有放弃自己的"低成本"原则，而且增加了许多竞争者没有的额外服务以作补偿：在店内提供孩童照顾服务；延长营业时间，国庆节期间甚至延长到晚上十点；提供低价美味的餐饮服务，一份咖喱鸡套餐才9块钱！这些"逆向"策略显然让年轻顾客兴奋不已，因为他们可能有小孩（却没有保姆），有钱但是只能在下班的时间逛街购物，他们也更喜欢快餐。

逆向思维和独特定位在宜家的生产和销售过程中无处不在。用宜家创始人坎普拉德的话说就是，把缺点转化为利润。具体的做法表现在宜家让衬衫厂制造椅子靠垫，让门窗厂打造桌子框架，晴天的时候把雨伞价格抬高而下雨的时候再打折出售。一个典型的例子是"斯格帕椅子"，宜家花了几个月的时间寻找合适的生产商未果，后来，宜家的设计师突发奇想，决定让生产塑胶碗和塑胶桶的厂商来生产这种椅子，结果制造出的线条比最初设计的还要简洁、明快。

（资料来源：http://www.sucom.com/p-244667.html.）

问题：
1. 宜家在创建初期为什么能获得成功？
2. 宜家战略定位的特点是什么？
3. 宜家战略定位的缺点应如何改进？
4. 宜家的案例对我国家具行业创业者有什么启示？

第 7 章

财务比率分析

7.1 财务比率分析概述

财务分析是运用财务报表数据对企业过去的财务状况和经营成果及未来前景的一种评价。财务分析是财务管理的重要方法,企业应定期或不定期地对过去的和现在的财务状况、发展趋势进行研究和评价,以反馈信息,为企业下一步的财务预测、决策提供依据。

财务比率分析是将财务报表中的相关项目进行对比,得出一系列财务比率,以此来揭示企业的财务状况。因为分析的资料来自于公司的财务报表,因此可以方便地获得,另外财务比率分析计算简单,直观,易于比较。因此财务比率分析得到了广泛的应用。

7.1.1 财务比率分析的目的

财务比率分析对于企业经营管理者、投资者和债权人都是至关重要的。不同人员进行财务分析的目的各不相同,归纳起来财务分析主要有以下目的。

1. 满足投资人对企业经营和赢利状况了解的需要

由于投资人与企业有着密切联系,企业的兴衰成败都直接影响到投资者未来的投资利益,因而他们需要了解企业的全部状况。这不仅包括企业短期的赢利能力,也包括长期的发展潜力。

2. 满足债权人了解企业偿债能力的需要

由于企业负债有长短期之分,作为短期债权人必须了解企业的偿债能力;作为长期债权人就必须考虑企业的经营方向、偿还长期负债本息的能力。企业的资金周转情况也是债权人关心的重点内容。

3. 满足企业内部管理的需要

企业内部的管理人员经营工作的好坏,将会直接影响到企业的发展,因此,只有通过全面的财务分析,对企业的财务状况及其经营成果做出准确的判断,才能及时地做出正确的决策。

4. 满足国家对企业进行控制、监督的需要

国家各级政府部门关心国有资产保值增值的情况,同时也通过财务分析评价企业经营效益,以便控制、监督企业或者为制定政策提供依据。

7.1.2 财务比率分析评价标准

不同的财务分析评价标准,会对同一分析对象做出不同的分析结论。正确确定或选择财务分析评价标准,对于发现问题、正确评价有着十分重要的意义与作用。通常,财务分析评价标准有经验标准、历史标准、行业标准、预算标准等。

1. 经验标准

经验标准是在财务比率分析中经常采用的一种标准。所谓经验标准,是指这个标准的形成依据大量的实践经验的检验。例如,流动比率的经验标准为2∶1;速动比率的经验标准是1∶1;等等。也有人将经验标准称为绝对标准,认为它们是人们公认的标准。应当注意经验标准只是对一般情况而言,也不是适用一切领域或一切情况的。人们在应用经验标准时,应当非常仔细,不能生搬硬套。

2. 历史标准

历史标准是指以企业过去某一时间的实际业绩为标准。这种标准对于评价企业自身经营状况和财务状况是否改善是非常有益的。历史标准可选择企业历史最好水平,也可选择企业正常经营条件下的业绩水平。另外,根据按时间序列所整理的历史标准,可以预计现在和未来的变化趋势。应用历史标准的优点,一是比较可靠,二是具有较高的可比性。但历史标准也有不足,一是历史标准比较保守,因为现实要求与历史要求可能不同;二是历史标准适用范围较窄,只能说明企业自身的发展变化,不能全面评价企业在同行业中的地位与水平。尤其对于外部分析,仅用历史标准是远远不够的。

3. 行业标准

行业标准是财务比率分析中广泛采用的标准,它是按行业制定的,反映行业财务状况和经营状况的基本水平。行业标准也可指同行业某一比较先进企业的业绩水平。采用行业标准的目的在于增加比率分析的可比性,可说明企业在行业中所处的地位与水平。但是,行业标准往往也无法统一行业内部的所有指标。由于各个企业会计科目的具体内容及采用的会计方法不同,会导致比较口径的不一致。另外,企业产品结构、地区条件、经营环境不同也会影响其可比性。

4．预算标准

预算标准是指企业根据自身经营条件或经营状况所制定的目标标准。预算标准通常在一些新的行业、新建企业应用较多。对于企业内部财务分析，预算标准有其优越性，可考核评价企业各部门的经营业绩，以及对企业总体目标实现的影响。这种标准可由企业内部制定，或者由其主管部门规定，受人为因素影响，其制定是否先进合理对分析结果有直接影响。

各种财务比率分析评价标准都有优点与不足，在实际分析中可以综合应用各种标准，从不同角度对企业经营状况和财务状况进行评价，这样才有利于得出正确结论。

7.2 财务比率分析的内容

对企业财务报表的分析一般从偿债能力、营运能力、赢利能力三方面进行。

7.2.1 偿债能力分析

偿债能力分析分为短期偿债能力分析和长期偿债能力分析。

1．短期偿债能力分析

短期偿债能力是指企业偿付流动负债的能力。在资产负债表中，流动负债与流动资产形成一种对应关系。流动负债是指将在一年内或超过一年的一个营业周期内需要偿付的债务。一般来说，这种债务需以流动资产来偿付。因此，可以通过分析企业流动负债与流动资产之间的关系来判断企业短期偿债能力。通常评价企业短期偿债能力的比率有流动比率、速动比率和现金比率。

1) 流动比率

流动比率是企业全部流动资产与全部流动负债的比率。其计算公式如下：

$$流动比率 = 流动资产 \div 流动负债$$

流动比率是衡量企业短期偿债能力的一个重要财务指标。这个比率越高，说明企业偿还流动负债的能力越强，债权人的安全程度也越高。如果仅从债权人的角度出发，较高的流动比率可以保障债权在清算时不会受到重大损失。但是如从企业的角度出发，过高的流动比率表明企业资产利用率低下，管理松懈，资金浪费，同时表明企业过于保守，没有充分使用目前的借款能力。根据经验判断，流动比率在2∶1左右比较合适。但实际上，对流动比率的分析应该结合不同的行业特点和企业流动资产结构等因素。有的行业流动比率较高，有的行业较低，不可一概而论。行业平均值可以作为一个参考值，若企业的财务指标与行业平均值数值偏离过大,则应注意分析公司的具体情况。

2) 速动比率

速动比率又称酸性试验比率,是指企业的速动资产与流动负债的比率,用来衡量企业流动资产中可以立即用于偿还流动负债的能力。速动资产主要包括现金(货币资金)、有价证券、应收账款、应收票据、其他应收款等,可以在较短时间内变现。而流动资产中存货、一年内到期的非流动资产及其他流动资产等则不应计入。流动比率在评价企业短期偿债能力时,存在一定局限性,如果流动比率较高,但流动资产的流动性较差,则企业的短期偿债能力仍然不强。在流动资产中,短期有价证券、应收票据、应收账款的变现力均比存货强,存货需经过销售才能转变为现金。如果存货滞销,则流动资产的流动性必然会受到影响。因此可以用速冻比率来衡量企业偿还流动负债的能力。一般认为,速动比率维持在1∶1较为正常,它表明企业的每1元流动负债就有1元易于变现的流动资产来抵偿,短期偿债能力有可靠的保证。速动比率过低,企业的偿债风险就大;速动比率过高,企业在速动资产上占用资金过多,会增加企业投资的机会成本。但以上评判标准并不是绝对的,在实际工作中应考虑到企业的行业性质等。

3) 现金比率

现金比率是企业现金类资产与流动负债的比率。现金类资产是指库存现金、银行存款、其他货币资金以及企业持有的期限短、流动性强、易于转换为已知金额的现金、价值变动风险很小的短期投资。它是速动资产扣除应收账款后的余额,由于应收账款存在着发生坏账损失的可能,某些到期的账款也不一定能按时收回,因此速动资产扣除应收账款后计算出来的金额,最能反映企业直接偿付流动负债的能力。现金比率可以准确地反映企业的直接偿付能力,这一比率越高,表明企业可立即用于支付债务的现金类资产越多,偿债能力越强。但是,如果企业停留过多的现金类资产,现金比率过高,就意味着企业流动负债未能合理地运用,经常以获得能力低的现金类资产保持着,这会导致企业机会成本的增加。通常现金比率保持在30%左右为宜。近年来,由于现金流动受到财务报表使用者的日益重视,短期偿债能力评价越来越侧重于现金类资产与流动负债的比率分析。

2. 长期偿债能力分析

对于企业的长期债权人来说,不仅关心企业短期偿债能力,更关心企业长期偿债能力。因此,在对企业进行短期偿债能力分析的同时,还需分析企业的长期偿债能力,以便于投资者和债权人全面了解企业的偿债能力和经营风险。

1) 资产负债率

资产负债率也称负债比率,是企业负债总额与资产总额的比率,它反映企业的资产总额中有多少是通过借债而得到,其计算公式为:

$$资产负债率 = \frac{负债总额}{资产总额}$$

企业的债权人和股东往往从不同的角度来评价这一比率。对于债权人来说,他们总是关心其贷给企业资金的安全性。如果这个比率过高,说明在企业的全部资产中股东提供的资本所占比重太低,企业的经营风险就主要由债权人承担,其贷款的安全也缺乏可靠的保障。而对于股东来说,其关心的主要是投资收益的高低,企业借入的资金与股东投入的资金在生产经营中可以发挥同样作用,如果企业负债所支付的利息率低于资产报酬率,股东就可以利用举债经营取得更多的收益。因此,股东所关心的往往是全部资产报酬率是否超过了借款的利息率,如果资产负债率过低,说明企业比较保守。当然,该比率须有一定限度,比率过高的企业财务风险将增大。如果该比率大于1,说明企业已资不抵债,可视为已达到破产的边缘。

2) 股东权益比率和权益乘数

股东权益比率是股东权益与资产总额的比率,该比率反映企业资产中股东投入资产所占的比重,显然该指标与资产负债率之和等于1。因此,这两个比率是从不同的侧面来反映企业的长期财务状况,股东权益比率越大,负债比率越小,企业的财务风险越小。其计算公式如下:

$$股东权益比率 = \frac{股东权益}{资产总额}$$

股东权益比率的倒数称为权益乘数,权益乘数指资产总额相当于股东权益的倍数,乘数越大,说明股东投入的资本在资产总额中所占的比重越小。该比率可用下式表示:

$$权益乘数 = \frac{资产总额}{股东权益}$$

3) 负债与股东权益比率

该比率反映由债权人提供的资本与股东提供的资本的相对关系,可用下式表示:

$$负债与股东权益比率 = \frac{负债总额}{股东权益总额}$$

从公式中可以看出,这个比率与资产负债率具有共同的经济意义,它反映了企业负债与股东权益的比例。该比率越低,说明债权人贷款的安全性越有保障,企业的财务风险越小。

4) 利息保障倍数

其计算公式如下:

$$利息保障倍数 = \frac{利润总额 + 利息费用}{利息费用}$$

利息保障倍数反映了企业的经营所得支付债务利息的能力。如果这个比率太低,说明企业难以保证用经营所得来按时支付债务利息,这会引起债权人的担心。一般来说,企业的利息保障倍数至少要大于1,否则就难以偿付债务及利息,若长此以往,甚至会导致企业破产倒闭。

7.2.2 营运能力分析

企业资金周转状况可以反映企业的营运能力,对此进行分析可以了解企业的营业状况以及经营管理水平。资金周转状况好,说明企业的经营管理水平高,资金利用效率高。

1. 应收账款周转率

应收账款周转率反映企业应收账款的流动程度,是企业赊销收入净额与应收账款平均额的比率。可用下列公式表示:

$$应收账款周转率 = \frac{赊销收入净额}{应收账款平均额}$$

$$应收账款平均额 = (期初应收账款 + 期末应收账款) \div 2$$

赊销收入净额是指扣除了销货退回、销货折扣及折让后的赊销净额。因为赊销资料不易取得,所以应收账款周转率的分子一般用销售净收入来代替:

$$应收账款周转率 = \frac{档期销售净收入}{应收账款平均额}$$

应收账款周转率可以用来分析企业应收账款的变现速度和管理效率。这一比率越高,说明企业催收账款的速度越快,可以减少坏账损失,而且资产的流动性强,短期偿债能力也强,在一定程度上可以弥补流动比率低的不利影响。但是如果应收账款周转率过高,可能是企业奉行严格的信用政策、付款条件过于苛刻的结果。这样会限制企业销售量的扩大,从而会影响企业的赢利水平。

用应收账款周转天数来反映应收账款的周转情况也是比较常见的,计算公式如下:

$$应收账款周转天数 = \frac{计算期天数}{应收账款周转率} = \frac{计算期天数 \times 应收账款平均额}{销售收入净额}$$

显然应收账款周转天数与应收账款周转率成反比例变化,周转天数越小,说明应收账款周转得越快。

2. 存货周转率

存货周转率用于衡量企业在一定时期内存货的周转速度。计算公式如下:

$$存货周转率 = \frac{销货成本}{平均存货成本}$$

$$平均存货成本 = (期初存货 + 期末存货) \div 2$$

存货周转率说明了一定时期内企业存货周转的次数,可以用来测定企业存货的变现速度,衡量企业的销货能力及存货是否过量。正常情况下,如果企业经营顺利,存货周转率越高,说明存货周转得越快,利润率就越大。但存货周转率过低,也可能说明企业在管理方面存在一些问题,如存货水平太低,甚至经常缺货,或者采购次数过于频繁,批量太小等。存货周转率过低,常常是库存管理不利、存货积压、资金沉淀、销售状况不好的结果,但也可能是企业调整了经营方针,因某种原因增大库存的结果。存货周转的快慢,不仅与生产有关,还与采购、销售都有联系,它综合反映了企业供产销的管理水平,对该指标的分析也要结合实际情况做出判断。

存货周转情况也可以通过存货周转天数来反映:

$$存货周转天数 = \frac{计算期天数}{存货周转率} = \frac{计算期天数 \times 平均存货成本}{销货成本}$$

3. 流动资产周转率

流动资产周转率反映的是全部流动资产的利用效率,可用下列公式表示:

$$流动资产周转率 = \frac{销售收入}{流动资产平均额}$$

$$流动资产平均额 = (期初流动资产 + 期末流动资产) \div 2$$

流动资产周转率是分析流动资产周转情况的一个综合性指标,它不仅受实际投入资产的周转速度的影响,而且受赢利水平高低的影响。这项指标越高,说明流动资产周转速度越快。它也可以用另外一个指标表示:

$$流动资产周转天数 = \frac{计算期天数}{流动资产周转率} = \frac{计算期天数 \times 流动资产平均额}{销售收入}$$

流动资产周转天数越短,说明流动资金利用效率越高。

4. 总资产周转率

总资产周转率也称总资产利用率,是企业销售收入与总资产平均额的比率,计算公式为:

$$总资产周转率 = \frac{销售收入}{总资产平均额}$$

这一比率可用来分析企业全部资产的使用效率。如果这个比率较低,说明企业利用其资产进行经营的效率较差,会影响企业的获利能力,企业应该采取措施提高销售收入或处置资产,以提高总资产利用率。

总资产周转情况也可以用周转天数来表示:

$$流动资产周转天数 = \frac{计算期天数}{总资产周转率} = \frac{计算期天数 \times 总资产平均额}{销售收入}$$

总之,各项资产的周转指标用于衡量企业运用资产赚取收入的能力,经常和反映赢利能力的指标结合在一起使用,可全面评价企业的赢利能力。

7.2.3 赢利能力分析

赢利能力是指企业赚取利润的能力。赢利是企业的重要经营目标,是企业生存和发展的物质基础,它不仅关系到企业所有者的利益,也是企业偿还债务的一个重要来源。因此,企业的债权人、投资者和管理者都十分关心企业的获利能力。获利能力分析是企业财务分析的重要组成部分,也是评价企业经营管理水平的重要依据。企业的各项经营活动都会影响到企业的赢利水平,通过分析企业的获利能力可以为生产经营决策提供重要的财务信息。

1. 销售净利润率

销售净利润率也称净利润率,是净利润与销售收入净额的比率,用来衡量企业销售收入的获利水平。计算公式如下:

$$销售净利润率 = \frac{净利润}{销售收入净额}$$

销售收入净额指销售收入总额扣除销售折让、销售折扣和退回后的销售净额。该指标反映每一元销售收入带来的净利润的多少。该比率越高,说明企业的获利能力越强,但它受行业特点影响较大,因此在分析时应结合不同行业的具体情况进行分析。

2. 成本费用利润率

成本费用利润率是企业利润总额与成本费用总额的比率。可用下列公式表示:

$$成本费用利润率 = \frac{利润总额}{成本费用总额}$$

成本费用是企业为了取得利润而付出的代价。这一比率越高,说明企业为获取收益而付出的代价越小,企业的获利能力越强。因此,通过这个比率不仅可以评价企业获利能力的高低,也可以评价企业对成本费用的控制能力和经营管理水平。

3. 资产报酬率

资产报酬率是企业资产的营运效果,反映企业运用资产获取利润的能力,一般有以下两个指标。

1) 总资产报酬率

其计算公式如下:

$$总资产报酬率 = \frac{净利润}{平均资产总额}$$

$$平均资产总额 = (期初资产总额 + 期末资产总额) \div 2$$

总资产报酬率是衡量企业运用全部资产获利能力的指标。该指标越高,说明企业利用资产获取利润的能力越强。如果某企业的资产报酬率偏低,说明该企业资产利用效率较低,有可能是经营管理存在问题,应当加强。

2) 净资产报酬率

净资产报酬率表示股东的投资报酬率。作为企业的所有者,股东更关心企业净资产的利用情况,净资产报酬率反映企业运用投资者投入资本获得收益的能力。其计算公式如下:

$$净资产报酬率 = \frac{净利润}{平均总资产}$$

$$平均净资产 = (期初净资产 + 期末净资产) \div 2$$

净资产指全部资产减去全部负债后的净额,在股份公司即股东权益,所以该指标又被称作股东权益报酬率。

4. 上市公司盈利率指标

对于上市公司,其赢利能力可另行计算有关指标。

1) 每股收益

$$每股收益 = \frac{净利润 - 优先股股利}{普通股发行在外平均股数}$$

公式中分母一般采用加权平均数,以正确反映本期内发行在外的股份数额。

每股收益反映了每股发行在外的普通股所能分摊到的净收益额。如果公司同时发行优先股,则应从净利润中先扣除优先股应得股利。该指标反映普通股每股获利能力的大小,显然每股收益越高,说明企业的赢利能力越强。它对普通股股东的利益关系极大,他们往往根据它来进行投资决策。

2) 每股股利

每股股利是股利总额与流通股数的比值,其计算公式为:

$$每股股利 = \frac{股利总额}{流通股数}$$

公式中的股利总额是指用于分配普通股现金股利的总数。每股股利反映每一普通股获取股利的大小,它可以衡量上市公司的获利能力,该指标越大,表示股本获利能力越强。但是影响每股股利的因素除了获利大小外,在很大程度上还取决于企业的股利政策。某些企业出于扩大再生产的目的会较少地发放股利,此时每股股利必然降低,但不一定说明企业获利能力不强。所以在分析该比率时应认真考虑各相关因素的影响。

3) 股利发放率

股利发放率是每股股利与每股收益之比,它反映公司的利润中有多少用于股利的支付,计算公式如下:

$$股利发放率 = \frac{每股股利}{每股收益} \times 100\%$$

对于普通股投资人来说,股利发放率比每股收益更直接体现当前利益,与个人联系更为紧密。没有什么具体的标准来衡量股利发放率的高低水平,而且企业与企业之间也没有什么可比性。因为这要视各企业对资金需要量的具体状况而定,股东对股利的要求也不一致。股利发放率取决于企业的股利政策,它与每股收益都是投资人非常关心的指标。

4) 市盈率

市盈率也叫市价与每股盈余比率,是每股市价与每股收益的比率。计算公式为:

$$市盈率 = \frac{每股市价}{每股收益}$$

该指标也是投资者非常关注的指标,它可以反映上市公司的获利能力,更大程度上反映了公司未来成长的潜力。因为它代表投资者对每元利润所愿支付的价格,反映了此股票是否具有吸引力,把多个企业的市盈率进行比较,并结合对其所属行业的经营前景的了解,可以作为选择投资目标的参考。

一般情况下,发展前景较好的企业通常都有较高的市盈率,发展前景不佳的企业这个比率较低。但是由于股票市价受多种因素影响,在股市上,市盈率可能会被非正常地扭曲,有可能会误导投资者,所以仅仅利用这一指标来分析企业的赢利能力,常常会错误地估计企业的发展前景,必须结合其他指标予以综合考虑。

7.3 财务比率分析应注意的问题

财务比率分析具有相对性,可以取得相互比较的信息,通过比较发现分析的对象企业在同类型企业或同行业企业中的位置,以及看到企业的变化趋势。如果是进行本企业的财务分析,则可以为企业决策提供必要的信息。财务比率分析是进行财务分析的有用工具,但是,财务比率分析也存在着局限性,它存在着如下值得注意的问题。

(1) 财务比率分析是根据原始成本为基础的财务报表,受传统报表的固有缺陷的限制,很难准确全面地反映企业的财务内容。

(2) 利用比率分析时有一重要的假设前提,即过去的各种条件不变,包括内部和外部条件不变。此假设往往不切实际,尤其是进行趋势分析时更需注意。因为在经营期间,经济因素、政策因素、产业因素以及企业内部因素都处在经常的变动中,这些变动产生的影响要通过财务比率分析辨别出来,是不可能的。因此利用比率分析做趋势分析以判断企业之绩效时,无法分辨此绩效是来自整体经济形势的变动,还是产业的变动,抑或是企业自身情况的变动所引起的企业财务状况的变动。

(3) 同一产业不同企业之间的比较,由于企业之间的差异(如经营规模过分悬殊或会计处理方法不同)而显得比较困难。加之企业在其行业中的产品细分市场的不同,以及经营规模与在该市场上的获利性无必然联系,而使比率分析变得更困难和不切实际。

(4) 几乎所有的比率分析都有一共同限制,就是财务比率数字大小不保证绝对的好坏。

(5) 财务报表极易粉饰,且合法。依据人为修饰过的报表数字进行分析,其结果将毫无意义,且相当危险。

(6) 比率分析主要依据的是历史性资料,这些资料反映了公司过去历史上的财务状况,并不能代表企业的未来。如果企业经营环境出现重大变化,历史性财务资料会误导分析方向及对企业未来的判断。

58同城——姚劲波创业史

23岁,姚劲波卖掉了自己的第一个公司,以几十万元的价格拿到了他的第一桶金。

28岁,成为万网的副总裁,底层做起的创业小子登上了职场的另一个高峰。

34岁,他创办的学大教育在纽交所上市,他成为了一个亿万富翁。

2012年,36岁的姚劲波和他的58同城依然以激昂的热情在路上……

"欢迎加入运动俱乐部",足球、乒乓球、羽毛球、游泳、瑜伽。58同城的办公区坐落于亚运村北的四层小楼里,到处张贴着各种休闲俱乐部的海报,同时提示"同学们晚上6点半以后再打乒乓球"。与其说这里像个互联网公司,不如说这里更像所学校,姚劲波的办公室就在一大片格子间旁边,简单的办公室就像当年教导主任的房间,而气质清俊质朴的姚劲波就和大学里的学长没有两样。

从58个人的创业公司,经历"七年之痒",如今的58同城已发展成为拥有数千名员工的大公司,而58同城的平台也变成全国老百姓衣食住行必不可少的服务平台。随便问问身边普通的北京人,几乎都用过58同城的服务,他们或者通过58同城租到了房子,或者找到了自己心仪的宠物。

让姚劲波感到骄傲的也正是这一点,"58同城的平台可以提供一种难以替代的服务,而我相信它一定可以成为一个像百度、腾讯那样的公司。"姚劲波信心满满。无论58同城发展到多大,他始终是那个拼杀在第一线,脑子里想着如何解决问题的激情创业者。

1. 以域名起家的创业故事

大学毕业后一年,他就创办公司并且卖了几十万;他在万网从基层做起一直到担任高管;他创办了学大教育并且成功在纽交所上市;他是国内最大的生活分类信息网站创始人……这是一个让人骄傲的创业历程,但姚劲波却始终没有感觉到成就,反而常常处在一种壮志未酬的思绪中。

1999年正当互联网热潮悄然兴起时,刚大学毕业学习计算机专业的姚劲波理所当然地在工作之余做起了个人网站——一个以域名注册交易为主业的"易域网"。网站做了半年,既没挣到钱,也没办法再发展壮大,姚劲波想到了把他卖掉。幸运的是,姚劲波发出的几封邮件都有了回音,于是他连人带网站一起投入了当时在企业信息服务领域坐头把交椅的万网。

大学刚毕业,姚劲波就已经有了几十万元的家底和万网的股份,但他在万网还是从底层做起,产品经理、产品总监、华南区总经理,直到企业的副总,姚劲波有意在各个位置都锻炼一番。在万网,姚劲波做出的几次域名交易案例让他名声鹊起,在IT界有了一定的江湖地位,比如从韩国人手中收购"端午节.com"后又无偿捐献的举动。

"早期的创业和在万网的经历对我帮助很大,"回忆起当时的工作经历,姚劲波说,"正是在万网让我对互联网有了真正深入的认识和积累了管理经验。"直到现在,姚劲波依然对域名有着特别的情结,他甚至依然不断注册他喜欢的域名作为收藏。他拥有 nihao.com、gupiao.com、jiehun.com、bugu.com、52.com 等上千个有价值的域名。

"我喜欢收藏域名,就像有人喜欢收藏红酒和字画一样。"姚劲波说。问到这些域名价值几何,姚劲波淡然又有些骄傲地说,"按市场价值,可能超过一亿元吧"。

2. 让他成为亿万富翁的是学大教育

2004年在万网做得顺风顺水,姚劲波却觉得还是需要做一点自己的事情,于是他和几个同事一起创办了后来创造教育界奇迹的上市公司——学大教育。

现在姚劲波很少提及学大教育,因为他已经完全专注58同城了。学大教育并不像很多人想象的那样很顺利就成功了。刚开始姚劲波他们共创办了三个网站,但只有做家教的学大教育有良好的发展势头,被保留了下来。后来为了能够实现赢利,学大教育从原打算进行的线上教育改为线下的中小学课外教育,并且最终成功上市。

实际上,当学大教育转型线下教育时,姚劲波就已经淡出学大教育了,在他的心里还是希望做互联网。所以他离开学大教育,创立了自己的第三个公司,也是他希望可以献身终生的事业——58同城。

"学大教育上市时,我去了纽交所敲钟,那一刻真的让我百感交集,至今记忆犹新。高兴的是曾经的梦想成真了,但其实真正希望的是,什么时候我可以代表58同城来这边敲钟,那才是我真正的成就感。"忆及当初,他这样说。

"58同城"是一个生活信息分类网站,几乎很多人都知道也都用过这个网站,但是58同城再大,不过是个整天和柴米油盐打交道的服务平台,很难成为一个大的公司。而姚劲波的梦想就是要成就一个伟大的公司,而且他也深信,58同城会成为一个宏大的平台,提供海量而细致的服务,最终成为一个伟大的公司。

2005年姚劲波刚刚创办58同城的时候,是在研究了美国排名前100网站之后,被

Craigslist所吸引,这个只做分类信息服务的简单的平台,流量竟然和eBay一样大,这让姚劲波不禁眼前一亮。"直觉上感觉这个方向可以,我本身就是北漂,也曾经因为租房被骗过钱,深知异乡人生活的不易,所以就很想做一个为老百姓生活服务的平台。"

公司刚开始做时,姚劲波还没有想到融资,风投却自己找上门来。当软银赛富的羊东坐到58同城的会议室时,姚劲波的PPT还没有做出来,但只聊了一次,软银赛富的500万美金就进账了。之后姚劲波问羊东,为什么那么快就决定投资,羊东说,直觉上他觉得姚劲波能把这件事做成。

和所有初创的互联网公司一样,58同城也经历过烧钱——不知所措——弹尽粮绝的曲折经历。刚开始模仿Craigslist,一年后发现中国的市场环境和美国相距甚远,Craigslist主要靠个人用户付费,而中国的个人用户付费是很难的,所以又投钱创办了DM杂志《生活圈》,希望依靠线上的资源,在线下赚钱。但是一年后《生活圈》停刊了,因为姚劲波发现他们最适合的工作还是互联网,所以又重新回到线上主业中来。

很快,58同城的业务从单纯的C2C调整到C2C和B2C并存,依赖C2C获得信息和广告,依赖B2C获得企业用户的付费。这让58同城终于有了大幅度的收入增长并在2009年实现了赢利。

随着第二轮、第三轮和第四轮投资的进入,2010年和2011年58同城进入快速扩张的阶段,除了继续夯实分类信息业务之外,还开创了电子商务业务,其中的团购业务做得有声有色。期间,公司的工作人员也从几十人发展到几百人,进而达到现在的数千人,在几十个城市拥有分公司。

这是一件值得自豪的事,但同时也是备受争议的地方。因为当美国同类网站Craigslist.org收入已达一亿美金的时候,员工不过是几十名,他们不做销售,只做客服,平台设计极其简单,却可以很好地进入赢利阶段。

所以58同城又开始站在风口浪尖上了——中国流量前30的网站,第一大的分类信息网站还没有持续赢利。一度有消息传来,说58同城就要准备上市IPO了。过了一段时间,又有传言说58同城遇到了危机,再不IPO就"难以撑过这个冬天"了。

"不过,每一次出现谣言,不仅不会动摇我们,反而会让公司的每一名成员出奇地团结,一致对外。原来可能存在的一些小矛盾反而得到化解。在这方面我应该感谢谣言……如果说有什么能让自己对这份事业更有信心,那就是58同城实打实的数据体现。每一个月,每一项业务,我们都在持续稳定地增长,我可以自信地说58同城已经发展到可以不依赖外力,自己健康成长的阶段。"针对各种议论,姚劲波如是说。

事实上,58同城可以持续融到资的原因,也正是基于投资人对业务方向的看好和持续稳定增长的业务数据。"所以我说我们最应当警惕的不是亏损,而是你不增长。"提到赢利的问题,姚劲波说。"根据58同城现有的流量和规模,我们想赢利也是很容易达到的。只要停止广告投入、停止扩张马上可以实现赢利。但是分类信息网站最重要的竞争力就是规模,用户需要在这个平台上看到尽可能多的信息,这同样是个赢者通吃的类型,所以我们现阶段最重要的事依然是巩固用户规模和提升用户体验。"

3. 以激扬心态面对和解决问题

很多人都用过58同城,但几乎所有用过的人也都会抱怨服务还不够理想,而这并不妨碍他们有需要还是会去58同城寻找帮助,因为它已经是中国最好的分类信息服务商。所以姚劲波总是有种责任感——去提升用户体验,增加用户的信任,让这个日常生活的平台变得无比便捷和实用,这并不像人们想象的那样简单。

"当面临困境时,需要你坚定对事业的信心并坚持,同时不断应对变化,做出有效调整。另外,我是一个愿意投资未来的人,就是在风险还没有出现之前就想办法化解掉,比如无线互联的应用还没普及时,就花费很多资源去做准备,就是你花了很多钱现在可能看不出效果,但是它却可能为你化解未来的风险。我热爱这些风险和危机,因为它们每一次出现,就意味着我有机会因此而赶超对手。"姚劲波说。

如果你上网去租房,你会发现太多虚假的中介信息屏蔽掉了个人信息;如果你发布一条信息并留下电话,你也常常会被骚扰,且担心自己的个人信息外流⋯⋯我们对生活服务的不满意太多,而这也正是58同城每天面临的最严峻考验。

"面对企业的销售是我们收入的重要来源,但是如果没有大量的用户参与和满意的体验,这一切都是不可能存在的,所以如何提高用户体验,是我们天天在思考的问题。"姚劲波说,"我最愿意看到客户发来的批评和抱怨的声音,我一定要亲自看一下。一般情况下,如果客户使用58同城之后感到满意,他是不会说的。但是如果客户觉得不满意,他会说出来,而在一万个不满意的声音里,可能只有一个会被反馈回来,所以我们格外珍惜这种声音。"

据说Craigslist.org的创始人不愿担任CEO,而是做一名客服人员每天花费十几个小时来删除那些虚假信息,而对于姚劲波来说,同样必须站在客服的第一线。

客服问题是一个让人头疼的大问题,需要大量的人力和资源去鉴别信息的真伪,利用不断升级的技术去整理用户信息,建立信用档案。过去信息分类网站只是提供大量信息,让它们尽可能真实,后续的工作和责任则是用户自己的。而姚劲波现在要解决的是,怎么能让这个过程变成完全的线上活动,即增加信息的可信度和进一步保护用户的个人信息,同时打造更便捷的流程。

"所以,我们下一个阶段将承担更多的责任,而不是说建立一个平台你随便发个人信息,后面我就不管了,整个交易流程我都在参与、监控和保护。这就是我们现在进行的消费者保护计划。"姚劲波介绍,基于生活分类信息而建立起来的电子商务服务和团购业务,是58同城目前异军突起的业务。"我们做的是基于生活信息平台的电子商务,这是58同城独有的特点和优势,因为我们建立了大量的个人客户和企业客户。我们不与其他电子商务和团购网站比较市场地位,因为我们正是基于自己的客户来完善服务,这是信息与电子商务相结合的一个新的尝试。"

为此,姚劲波兴奋地发现58同城的事业可以做到更大。"这个平台的发展前途比我最初的预想要大,虽然速度慢些,但这是一个持续增长的事业。"这也是姚劲波誓言打造一个伟大平台的底气,柴米油盐酱醋茶,一样可以打造一个领先时尚、简单便捷的伟大平台。

而在58同城的办公室里,一个还没有大学毕业的女孩已经在58同城实习两个月了,担任商务发展中心助理的职务。女孩很兴奋地说,在这里学到了特别多的东西,公司的各个环节都给了她发展空间,她毕业后也将签约这里,实现她最初的愿望。

这是一个有魅力具吸引力的公司,在7年前创业的几十个人中,依然有超过一半的人留在这家公司,这在互联网公司当中比例是很高的。姚劲波总是愿意给新员工机会,同时格外珍惜老员工,在公司有一个特别的老员工日,就是欢迎那些离职的员工常回家看看,并且在5月份为他们特别准备礼物。

谈到58同城发展过程中最艰难的事情是什么,姚劲波说,那是2009年的时候,许多老员工的离开。同时他非常理解员工的这种流动,并且愿意在事后聊聊为什么离开,如果愿意回来的话,也同样欢迎。姚劲波几乎没有主动开除过任何一名员工。

现在的招聘频道产品总监李赟便是这样一位老员工,2006年加入58同城之后,他在第二年进入了另外一家竞争对手的网站,但他很快发现自己还是喜欢简单自由的工作氛围。当他重新回到58同城时,不仅升职成为产品总监,还获得了公司的期权。

"离开又回来的历程让我可以有更多的体验和思考,我觉得姚总是一个很真诚有胸怀的人,崇尚简单。我一直觉得,一个人的胸怀有多大,事业就有多大。"李赟说,正是因为对公司和姚劲波本人的信心,才让更多的人投入地热爱工作,并且长久地把这里当作自己的家和自己的学校。

4. 源于简单也归于简单的伟大梦想

不是在工作,就是在想工作,或者为工作做准备,这就是姚劲波日常的状态。

当年姚劲波还是个大学生的时候,他是个社团活动的活跃分子,踢足球、打乒乓、游泳,凡是体育运动他都略通一二。但当他离开学校成为一个创业者时,他苦苦思索竟然想不出自己业余时间除了陪家人外还有什么爱好。

"您是学技术出身的,为什么创业却选择域名交易、信息平台这样的技术含量并不高的领域呢?"记者问。

"我创业时面临的选择并不是技术或者非技术,而是软件或互联网,最终我选择了互联网。事实上,任何基于互联网的服务,当做大到一定程度,对技术要求都非常高。比如现在的58同城,我不认为这是一个技术含量低的行业。"他说,"这是一家前景广阔的公司,未来做什么很难预料,但我们肯定会做依赖于我们的资源和优势的事情,不会什么都做。比如我们的电子商务和团购,就是基于我们的资源和优势打造的独特模式。"

姚劲波在自己的公司为员工们打造了一个充满悦动活力的家,自己却很少去享用。

姚劲波在工作中特别崇尚简单,这也是公司的企业文化,生活中他也是一个极其简单的人。

和许多IT界人士一样,姚劲波的事业偶像是乔布斯,他最欣赏乔布斯的地方,就是他在别人都不看好自己、不信任自己的时候,依然可以坚持自己的想法并且默默耕耘,最终打造了一个伟大公司和一种伟大的应用。

如果有人问,58同城何以能够在几千家同类公司中脱颖而出,能够在新浪、淘宝等战舰级企业的夹击中生存壮大?最重要的原因也许就是姚劲波对业务方向的自信和顽强的坚持。

"如果你把注意力放到你所做的事情上,而不是个人的成就、地位等身外之物的话,坚持和成功也并不是一件特别难的事。"这是姚劲波在他的另外一个人生偶像——稻盛和夫那里学到的人生真谛。当他看到稻盛和夫写的《活法》时,他把这本书送给公司的每一位员工看。让他最感动的是稻盛和夫对人生的看法,就是"你该如何活"的问题——你应追求的是事物本身,而不是事物给你带来的其他东西。

姚劲波的活法就是如此简单。当学大教育上市,他去纽交所敲钟时,他的兴奋只维持了一天。在联合国大厦河对岸的小酒馆里,几个创始人一起喝酒直到涕泪横流。然而第二天他看到股价才发现,自己居然有了上亿美元的财富,但回到北京,他的生活依然是努力工作,然后和大家一起吃盒饭。

"那时候我开始反思,我这一生的追求究竟是什么?那就是我想把眼前这个事情做成,让大家都认可我的服务,把58同城做成一个伟大的公司。"他思索着,慢慢地说。

"你心目中的'伟大'指的是什么?"记者问。

"我希望可以改变每个人的生活,使普通老百姓的生活更加便利。我希望做一件可以影响每个人的事,对每一个人都有帮助的事。"在北京初夏的灿烂阳光下,姚劲波坐在嫩绿的草地中央,线条柔和的脸上带着自信的微笑。

(资料来源:http://www.studentboss.com/html/news/2012-07-17/117773.htm。)

问题:

1. "58同城"作为一个大型免费分类信息平台,靠什么赢利?姚劲波又是如何让一个看似赢利困难的项目变得有利可图?

2. 姚劲波为什么选择分类信息平台这个项目?他从哪些方面获得了什么样的启示;中美文化的差异又给他带来了哪些困难?

3. 你怎样理解姚劲波口中的"伟大",你如何来定义自己所理解的"伟大"?

参 考 文 献

[1]　赵延忱.中国创业学[M].北京：中国人民大学出版社,2010.
[2]　[美]杰弗里·蒂蒙.创业学[M].北京：人民邮电出版社,2005.
[3]　初明利,于俊如.创业学导论[M].北京：经济科学出版社,2009.
[4]　刘平,李坚.创业学[M].北京：清华大学出版社,2009.
[5]　贺尊.创业学概论[M].北京：中国人民大学出版社,2011.
[6]　[美]库洛特克,霍志茨.创业学：理论、流程与实践[M].北京：清华大学出版社,2006.
[7]　李时椿,常建坤.创业学：理论、流程与实务[M].北京：中国人民大学出版社,2011.
[8]　林嵩,谢作渺.创业学：原理与实践[M].北京：清华大学出版社,2008.
[9]　张耀辉.创业学导论：原理、训练与应用[M].北京：机械工业出版社,2011.
[10]　张文松,裘晓东,陈永东.创业学[M].北京：机械工业出版社,2012.
[11]　[美]杰弗里·蒂蒙.创业学案例[M].北京：人民邮电出版社,2005.
[12]　余启军.创业学马云　打工学唐骏[M].北京：人民邮电出版社,2010.
[13]　[加]莫尔斯.创业学案例[M].上海：格致出版社,2012.
[14]　刘平.创业学原理与应用[M].大连：东北财经大学出版社,2008.
[15]　尤登弘.创业之初：你不可不知的财务知识[M].北京：机械工业出版社,2008.
[16]　肖胜萍.中小企业创业与经营·人力资源[M].北京：中国纺织出版社,2010.
[17]　夏徐迁.创业企业财务管理[M].北京：中国劳动社会保障出版社,2011.